Dieser Band erscheint mit freundlicher Unterstützung
der Ostdeutschen Sparkassenstiftung
im Freistaat Sachsen gemeinsam mit der
Sparkasse Freital-Pirna.

Jens Gaitzsch

Gräfin Cosel auf Burg Stolpen

Edition Leipzig

Bildnachweis

Boswank, Herbert: S. 10, 16, 17 oben, 19, 35, 42, 43, 46, 50, 53, 56, 57
Berthold, Dietmar: S. 1, 21, 24, 27 oben, 36, 38, 39, 54 unten
Sächsisches Hauptstaatsarchiv Dresden: S. 6
Schieckel, Klaus: S. 13, 17 unten, 37, 54 oben
Universitäts- und Landesbibliothek Sachsen-Anhalt: S. 28, 30
Alle nicht anderweitig ausgewiesenen Objekte gehören zum Sammlungsbestand des Museums Burg Stolpen.

Frontispiz: Johannis-(Cosel-)turm
Anna Constantia Reichsgräfin von Cosel.
Gemälde eines unbekannten Künstlers, 1715

Die Deutsche Bibliothek – CIP Einheitsaufnahme
Ein Titeldatensatz für diese Publikation ist bei der Deutschen Bibliothek erhältlich. ISBN 3-361-00545-0

Edition Leipzig ist ein Unternehmen der Verlagsgruppe Dornier.
www.dornier-verlage.de

Umschlag, Layout: Atelier für grafische Gestaltung, Leipzig
Reproduktionen: Förster & Borries, Zwickau
Druck: Westermann Druck, Zwickau
Printed in Germany
Gedruckt auf alterungsbeständigem Papier mit chlorfrei gebleichtem Zellstoff.
Die Schreibweise folgt den Regeln der neuen Rechtschreibung.

Inhalt

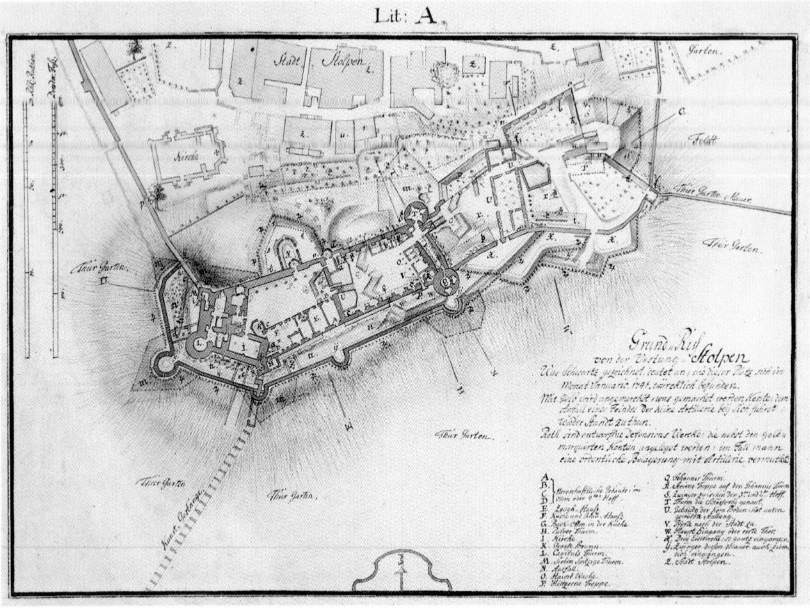

GrundRiss von der Vestung Stolpen. Zeichnung eines unbekannten Künstlers, Feder, teilweise farbige Tusche, 1741. Sächsisches Hauptstaatsarchiv Dresden

Was man wissen sollte

Adresse Burg Stolpen
Schlossstraße 10, 01833 Stolpen
Telefon: 03 59 73/2 34 10, Fax: 03 59 73/2 34 19
e-mail: burg.stolpen@t-online.de
Internet: www.burg-stolpen.de

Öffnungszeiten Sommerzeit
täglich 9–17 Uhr

Winterzeit
täglich 10–16 Uhr (witterungsabhängig)
24. Dezember geschlossen

Anfahrt Von Dresden oder Bautzen A 4 bis Abfahrt Ottendorf-Okrilla über Radeberg, auch B 6 bis Fischbacher Kreuz; von der Sächsischen Schweiz ab Bastei ausgeschildert; öffentliche Verkehrsmittel ab Dresden Buslinie 261

Führungen nach Voranmeldung allgemeine Burgführungen, thematische Sonderführungen

Informationen Ausgewählte Publikationen, Postkarten, Souvenirs

Veranstaltungen siehe jährlicher Veranstaltungskalender mit Kleinem Burgtheater, Burgtheaterfest, Burgfest, Biwak

Vermietungen Anmietung der Kornkammer und von Burghöfen möglich

Fotografieren mit Genehmigung

Eintritt wird erhoben

Gastronomie Cafeteria »Zehrgarten«, geöffnet von Ostern bis Ende Oktober

Burg Stolpen

um 1100 Errichtung einer ersten Wehranlage, wahrscheinlich »eine Burgk von geschrothenen Holze«

1121 Unsichere Nachrichten in der Prager »Chronica Boemorum« und in der Chronik von Hagecius

um 1218 (Rück-)Erwerb der Burg und einiger umliegender Ländereien durch den Meißner Bischof Bruno II. vom Slawen Moyko de Stulpen, zielgerichteter Aufbau einer eigenständigen Grundherrschaft

1222 Erste gesicherte urkundliche Erwähnung

1241 Grenzvertrag zwischen dem Bistum Meißen und dem Königreich Böhmen

um 1320 Bildung des Amtes Stolpen, Burg als Verwaltungsmittelpunkt

1429 Erfolglose Belagerung durch Hussiten

1451–1537 Grundlegender Neuaufbau als frühneuzeitliche Wehranlage

1520 Erstes offizielles Mandat des Bischofs Johann VII. von Schleinitz gegen Luther (Stolpener Dekret)

1539 Einführung der Reformation in Sachsen, Rückzug der meißnischen Bischöfe nach Stolpen

1559 Übernahme von Burg, Stadt und Amt Stolpen durch Kurfürst August, Reformation auch in Stolpen

ab 1559 Um- und Ausbau zum Schloss, Errichtung des Tiergartens und der »Wasserkunst« Martin Planers

1608–1630 Bau des Basaltbrunnens durch Freiberger Bergleute

1632 Erfolgreiche Verteidigung gegen kaiserliche Kroaten, Zerstörung von Teilen der Burg durch Brände

1634 Stationierung einer ständigen Garnison, schlimmstes aller Pestjahre

1639 Belagerung durch schwedische Truppen

1675 Errichtung der Festungswerke durch Wolf Caspar von Klengel

1716 Gräfin Cosel wird nach Stolpen verbannt
1723 Verheerender Stadtbrand vernichtet auch Teile der Burg
1738 Abtrieb des Wildbestandes im Tiergarten
1756 Abzug der Garnison nach dem Königstein, Einnahme Stolpens durch preußische Truppen, umfangreiche Zerstörungen
1764 Auflösung der Garnison, einsetzender Verfall
1765 Tod der Gräfin Cosel, Beisetzung in der Burgkapelle
1773-1787 Abriss einiger verfallener Burgteile
1813 Errichtung von Verteidigungsanlagen durch Napoleon Bonaparte, bei seinem Abzug umfangreiche Zerstörungen, auch durch nachrückende Truppen
1842 Anlegen eines Parks am oberen Südhang der Burg
1859 König Johann von Sachsen ordnet Restaurationsmaßnahmen an
1874 Erste Anstellung eines Schlosswärters
1883 Räumung des 1756 und 1813 verschütteten Brunnens
1935-1939 Ausbau der Burg zur Förderung des Fremdenverkehrs
1945 Angliederung der Burg an die Hauptverwaltung der Staatlichen Museen, Schlösser und Gärten in Dresden
1957 Übergabe der Rechtsträgerschaft an den Rat der Stadt Stolpen
ab 1960 Intensivere kulturelle Nutzung, z. B. Filmaufnahmen
1989 Besucherrekord mit 199 165 Besuchern
1992 Übernahme durch den Freistaat Sachsen, die Burg wird Staatlicher Schlossbetrieb, nachfolgend intensive Bautätigkeit

Die häufig gewählte Ansicht Stolpens von Norden verdeutlicht am eindrucksvollsten die imposante Wehranlage, die dem Basaltberg die Krone aufzusetzen scheint.
Kolorierter Kupferstich von Hisler (?) aus »Sächsischer Postillon«, 1803

Weithin sichtbar auf einem Basaltberg erhebt sich etwa 25 Kilometer östlich von Dresden entfernt die imposante Burganlage Stolpen. Ihre markanten Türme künden von der frühen Zeit des deutschen Landausbaus, der ostelbisch nach 929 von Meißen ausging. Als rege Kolonisationsherren errichteten die meißnischen Bischöfe um Stolpen zu Beginn des 13. Jahrhunderts zielgerichtet eine reichsunmittelbare Grundherrschaft und begaben sich damit in Konkurrenz zu den Markgrafen. Deren Einspruch beim Papst verhinderte die Bemühungen der Bischöfe, Stolpen auch als Bistumsverwaltungssitz zu etablieren. Die Bischöfe verlegten letztlich ihre Hofhaltung gänzlich nach Stolpen, um dem wachsenden Druck der Wettiner auszuweichen.

Frühzeitig erkannten die wettinischen Landesherren die strategische Bedeutung Stolpens. Unter Ausnutzung einer Fehde des kurfürstlichen Stallmeisters mit dem Meißner Bischof um ein Testament zwang 1559 Kurfürst

August den Bischof, sein Amt Stolpen gegen das kurfürstliche Amt Mühlberg unter Verlust seiner Reichsunmittelbarkeit einzutauschen. Aus der gotischen Burg entstand im Stil der Renaissance das wehrhafte Schloss Stolpen. Für kurze Zeit zählte Stolpen zu den prächtigsten kurfürstlichen Residenzen. Der Kurfürst legte einen Tier- und (Obst-)Baumgarten südlich am Burgberg an und betrieb in Stolpen eine »staatliche« Musterwirtschaft.

Durch den Ausbau zur Festung im Jahre 1675 erhielt Stolpen eine stärkere militärische Bedeutung. Die Nähe zu den Festungen Dresden, Sonnenstein und Königstein bewirkte in den späteren Jahren eine zunehmende Vernachlässigung der Wehranlage Stolpen, die nunmehr auch als Staatsgefängnis genutzt wurde. Mit dem Ende des Siebenjährigen Krieges, dessen erster Schuss auf Stolpen gefallen sein soll, gab man die Garnison Stolpen auf. Die Anlage verfiel zunehmend, vor allem nachdem 1813 napoleonische Truppen auch umfangreiche Gebäudeteile gesprengt hatten.

Im 19. Jahrhundert bemühten sich Altertumsvereine um die Burgruine, erste Restaurierungsmaßnahmen fanden statt. Seit 1874 gewährleistete die Anstellung eines Schlosswärters eine öffentliche Nutzung. Mit dem Jahr 1992 ging die Burg wieder in die Verwaltung des Freistaates Sachsen über und wird nunmehr als Schlossbetrieb geführt. Durchschnittlich 150 000 Besucher kommen jährlich auf die Burg. Im Mittelpunkt ihres Interesses steht das Schicksal der berühmtesten Gefangenen Stolpens, der Gräfin Cosel.

… und endlich nach der Festung Stolpen gefänglich geführet Vorwort

Als die Gräfin Cosel Weihnachten 1716 Stolpen erreichte, war sie 36 Jahre alt. Weitere 49 Jahre vergingen, bis sie als betagte, weitgehend vergessene und wohl auch etwas wunderlich gewordene Frau in ihrem 85. Lebensjahr auf Stolpen starb. Ein einsamer Rekord, keine Person der Stolpener Geschichte hat sich länger auf der Veste aufgehalten. Ohne Anklage, ohne einen Prozess, beraubt der Möglichkeit zur Verteidigung und letztlich ohne eine rechtskräftige Verurteilung geriet sie in die Mühlen einer zunehmend besser funktionierenden Bürokratie, die sie auf höchsten Befehl verwahrte und verwaltete. Eingesperrt auf einer entlegenen Festung unterstand sie einem militärischen Apparat, der, streng hierarchisch gegliedert, auf Gehorsam, Eidespflicht und Befehl basierte. Die zivile Gefangene von hohem Rang überforderte in ihrer Ausnahmestellung häufig die örtlichen Entscheidungsträger, galt es doch dem landesherrlichen Willen gerecht zu werden. Berichte mussten geschrieben, Anweisungen erbeten und Befehle abgewartet werden. Einen großen Teil unserer heutigen Kenntnisse über die Lebensumstände der Cosel auf Stolpen verdanken wir einer funktionierenden Verwaltungsbürokratie, die als zwangsläufigen Endpunkt die aktenmäßige Ablage, das Archiv kennt.

Fast ein halbes Jahrhundert verbrachte die Gräfin Cosel als Gefangene auf Stolpen. Fünf Festungskommandanten hat sie kommen und gehen sehen. Sie überlebte auch August den Starken, den Mann, dessen Geliebte und »Gemahlin zur Linken« sie war und der sie nach Stolpen bringen ließ, um 32 Jahre. Selbst die Kunde vom Tod seines legitimen Sohnes und Nachfolgers erreichte die hochbetagte Gräfin. So ist es wohl zuerst ihr außergewöhnliches Schicksal, das sie zur bekanntesten Frau der sächsischen

Rechts: Ansicht von Burg und Stadt Stolpen vom Norden, 1997

Geschichte werden ließ. Gleichwohl erscheint sie in Publikationen eher als Randfigur des augusteischen Zeitalters, als schmückendes Beiwerk, als eine Episode in dieser für Sachsen so fruchtbaren Zeit. Tatsächlich sind bleibende staatspolitische Leistungen für Sachsen mit ihrer Person nicht verbunden. Die Nennung ihres Namens erfolgt zumeist in Verbindung mit dem Begriff der Mätressenwirtschaft. Eine Mätresse war zur Zeit des Absolutismus eine anerkannte Person des Hofes, die zur höfischen Prachtentfaltung als einem wesentlichen Moment für das Ansehen eines Fürstentums beitrug. Die Gräfin Cosel erfüllte diese höfischen Repräsentationspflichten mit Ideenreichtum und Charme. Als inoffizielle Kurfürstin und Königin fühlte sie sich als die erste Frau Sachsens und nahm gegen den Willen Christiane Eberhardines von Bayreuth deren rechtmäßigen Platz ein. Doch die Ereignisse ließen sie von einer außergewöhnlichen Repräsentantin des Hofes zu einer Bittstellerin und Rechtlosen werden. Sie hat alle Höhen und Tiefen ihrer Zeit kennen gelernt.

Die Gräfin Cosel nahm unter den Geliebten Augusts des Starken eine Sonderstellung ein. Ihr Engagement sprengte den gesellschaftlichen Rahmen einer Mätresse, der ihr nach allgemeiner Auffassung der damaligen Zeit zustand. Aus heutiger Sicht ist ihr Scheitern ein Beispiel dafür, was Personen widerfahren kann, die sich nicht in gesellschaftliche Rahmenbedingungen einfügen und dabei Grenzen überschreiten. Sie werden zwangsläufig zum Angriffspunkt der etablierten Gesellschaft, die ihre Daseinsberechtigung auch dadurch bestätigt sieht, anderen zu diktieren, was sie zu tun und zu lassen haben. Auch zeigt ihre Lebensgeschichte, was geschehen kann, wenn Differenzen nicht mehr miteinander geklärt werden können, wenn zwischengeschaltete Instanzen und damit verbundene Interessensphären die Informationen filtern und interpretieren, wenn die Fiktion des Möglichen über Tatsachen die Oberhand gewinnt.

Das Museum Burg Stolpen versucht in der didaktischen Vermittlung von Geschichte einen alltagsgeschichtlichen Ansatz zu finden und hofft damit, jedem Besucher die Möglichkeit zu eröffnen, sich in seiner Alltäglichkeit wiederzufinden. Auch das Schicksal einer Person, wie das der Gräfin, gestattet es, die für Sachsen sehr wesentliche Epoche des augusteischen Barock transparent zu machen. Eine museale Dauerausstellung im Johannis-(Cosel-)turm erinnert an ihr Leben und damit an eine Epoche, die mit glanzvollen Leistungen bis in die heutige Zeit nachhaltig ausstrahlt. Als ein Anzeichen dafür können die unzähligen Geschichten und Legenden gelten, die sich um den Kurfürst-König und seine schöne Mätresse ranken. Zu allen Zeiten kennt die Geschichte solche bezaubernden und magisch anziehenden Frauen, ob sie nun Nofretete, Kleopatra, Evita Perón oder Marlene Dietrich hießen.

Auf der Elbe fahren zwei moderne Fahrgastschiffe der Sächsischen Dampfschifffahrtsgesellschaft. Das eine ist getauft auf den Namen »August der Starke«, das andere auf »Gräfin Cosel«. Es ist schwer vorstellbar, dass in Amerika zwei Schaufelraddampfer den Mississippi befahren, der eine mit Namen »John F. Kennedy«, der andere »Marylin Monroe«. Was in Amerika kaum denkbar ist, ist hierzulande in die Öffentlichkeit gerückt. Die Gräfin Cosel ist zu einer Symbolfigur sächsischer Geschichte geworden. Mit ihrem anrührenden Schicksal wird eine große Epoche, über die historischen Fakten hinausgehend, auch emotional erfahrbar.

… als Unsere legitime épouse
Gemahlin zur Linken

Am 17. Oktober 1680 kam Anna Constantia von Brockdorff auf dem Gut Depenau in Holstein zur Welt. Sie entstammte einem alten Adelsgeschlecht. Hauslehrer vermittelten ihr eine breitgefächerte Erziehung und Bildung. In früher Jugend wurde Constantia Hoffräulein im herzoglichen Schloss Gottorf bei Schleswig und später in Wolfenbüttel. Bereits in dieser Zeit lernte sie grundlegende politische Konflikte ihrer Zeit kennen. Außenpolitisch war es die Neuordnung der Kräfteverhältnisse im Ostseeraum, die sich im Nordischen Krieg über 20 Jahre vollziehen sollte. Innenpolitisch versuchten die Fürsten im Ringen um die absolute Macht den Adel zurückzudrängen.

Eine Schwangerschaft Constantias beendete den achtjährigen Aufenthalt am Hofe. Über den Vater und den Verbleib des Kindes ist nichts Genaues bekannt. Nach der Schande des unehelichen Kindes war der zwölf Jahre ältere Geheime Rat und sächsische Obersteuerdirektor Adolf Magnus Gotthelf von Hoym eine standesgemäße Partie. Das Paar wurde am 2. Juni 1703 in Depenau getraut und wohnte künftig im elterlichen Haus auf der Kreuzgasse in Dresden. Die Ehe war bereits nach kurzer Zeit zerrüttet und ab Sommer 1704 gescheitert. Im Januar 1705 reichte Hoym die Scheidung ein.

Am 7. Dezember 1704 wurde August der Starke bei einem Brand im Hause Hoym auf Constantia aufmerksam. Seine Mätresse zu werden lehnte sie ab. Nach dem unehelichen Kind und einer gescheiterten Ehe war das mit ihrer Auffassung von Stand und Ehre unvereinbar. Doch im August 1705 bezog sie ein Haus auf dem Taschenberg, unmittelbar neben dem Schloss. Im Dezember erhielt Constantia einen geheimen Vertrag, der sie als Gemahlin zur Linken des Königs erklärte und der Kaiser erhob sie im

Kurfürst Friedrich August I. (August der Starke) von Sachsen (König August II. von Polen). Gemälde eines unbekannten Künstlers, 18. Jahrhundert

Februar 1706 in den Reichsgrafenstand. Die Gräfin Cosel stand nun als offizielle Mätresse an der Spitze der Hofordnung, über den Ministern. Sie war sehr gut informiert, hatte stets Zugang zum König und konnte seine Entscheidungen beeinflussen. Über sieben Jahre begleitete sie den Kurfürsten und König bei den alltäglichen Geschäften ebenso wie als Gesellschafterin bei Festlichkeiten oder auf seinen Feldzügen im Nordischen Krieg. Ihr wurden außergewöhnliche Ehrungen zuteil. Die Polenpolitik des Königs hielt die Gräfin Cosel für einen Fehler und sie machte ihren Einfluss dagegen geltend.

Das sich abkühlende Verhältnis zwischen August und Constantia wurde 1712 für die Öffentlichkeit ersichtlich. Höfische Intrigen und Gerüchte über einen bevorstehenden Sturz der Cosel hatte es bereits 1708 gegeben. Zur Durchsetzung der Polenpolitik des Königs gewann eine neue polnische Mätresse an Bedeutung. Für jeden sichtbar war der Bruch zwischen August dem Starken und der Gräfin Cosel im Dezember 1713.

Ein vom König zwei Jahre später unterzeichnetes Papier regelte ihr weiteres Leben. Den Ehevertrag verlangte er zurück. Um ihn zu beschaffen reiste die Cosel im Dezember 1715 nach Berlin. Ihre Feinde sahen darin eine Flucht ins Ausland, denn sie durfte Pillnitz nicht verlassen. Die Gräfin besaß Kenntnisse von Staatsgeheimnissen und Preußen war ein politischer Gegner. Der König befahl ihr mehrmals, nach Sachsen zurückzukehren, doch sie widersetzte sich. Unglückliche Umstände hinderten sie an der Erlangung des Dokuments. Von Halle aus versuchte sie auf der Leipziger Messe Geld zu beschaffen. Durch direkte Verhandlungen Augusts des Starken mit dem König von Preußen wurde die Gräfin Cosel in Arrest genommen und am 21. November 1716 an Sachsen ausgeliefert. König August II. wünschte, dass sie ehrenhaft behandelt werde. Keiner ahnte, dass sie eine lebenslange Gefangenschaft erwartete.

Anna Constantia Freifrau von Hoym (ab 1706 Gräfin von Cosel). Gemälde eines unbekannten Künstlers, Anfang 18. Jahrhundert

Porzellanplastik von Hermann Reinl »Flucht der Gräfin Cosel«, 1913. Aelteste Volkstedter Porzellanmanufaktur Rudolstadt

… böses Wesen Krankheit

Auf ihrem Transport von Halle über Merseburg und Leipzig nach Nossen bekommt die Gräfin Cosel das Ausgeliefertsein und die Ohnmacht einer Gefangenen am eigenen Leib zu spüren. Mehrfach vergewaltigen sie ihre Bewacher »und wenn das Unglück mich schwanger macht, werde ich dieses Produkt für den Messias ausgeben«. In den Augen der beiden Offiziere ist sie eine rechtlose Verbrecherin, wie sonst könnte sie in eine solche Lage geraten sein. Beim zweiten Halt in Leipzig versucht die Cosel mit Hilfe der Wirtin zu fliehen. Die Gastfrau Neidholdt verrät ihre Pläne und wieder geht ihr Bewacher Oberst von Thiemann zu ihr. Die Erlebnisse der letzten Nacht sind gegenwärtig, ihr Widerstandswille geschwächt. Sie ist mit ihren Kräften am Ende. Nur eine Ohnmacht lässt sie die körperliche und vor allem seelische Gewalt überstehen. Der Oberst ruft vorsichtshalber einen Arzt. In einem späteren Bericht wird Thiemann auffallend versichern, dass er nur ganz kurz bei der Gefangenen im Zimmer gewesen sei.

Am nächsten Tag, es ist der 23. November 1716, erreicht der Transport Nossen. Nach vier Tagen zeigen sich bei der Gräfin schlaganfallartige Symptome. Immer wieder fällt sie in Ohnmacht. Von Stunde zu Stunde geht es ihr schlechter. Sie phantasiert und redet wirr, auf der rechten Seite hat sie Lähmungserscheinungen. Zu den körperlichen Beschwerden kommt ein seelischer Zusammenbruch. Weder der Apotheker der Stadt noch ein Geistlicher können helfen. Der Zustand hält an und erscheint höchst bedrohlich, da greift Frau von Meggenburg energisch ein. Sie reist nach Dresden, um Hilfe zu holen, weil die Berichte der Nossener Militärs am Hofe keine erkennbare Reaktion auslösten. An Kabinettsminister Flemming schreibt sie: »Die arme Gräfin Cosel ist miserabel. Man hat sie unterwegs von Halle todkrank geholet.« Frau von

Meggenburg erreicht die Entsendung des königlichen Leibarztes Hofrat Tropaneger, der der Kranken nur vorübergehend zu einer Besserung verhelfen kann: Früh morgens beginnen wieder Zuckungen und Krämpfe. Völlig ermattet kann sie nicht aufstehen, will weder essen noch trinken, klagt über Kopfschmerz und hat »den Vormittag wiederumb bitterlich geweinet«. Nochmals muss der Leibarzt des Königs nach Nossen gerufen werden; umgehend kommt er.

Viele Tage liegt die Gräfin Cosel schwer krank, »sie hat das böse Wesen« und redet »närrische Dinge«. Am achten Tag versucht sie vergeblich das erste Mal wieder aufzustehen. Nur sehr langsam erholt sie sich. Der Bader aus Nossen kommt regelmäßig, um die Gefangene zu pflegen. Er öffnet ihr Blasen an den Armen, während sie ohnmächtig liegt, und wechselt die Verbände.

August der Starke entspricht Anfang Dezember 1716 von Warschau aus dem Vorschlag seiner Minister Löwendahl und Watzdorf, die Gräfin nach Stolpen bringen zu lassen. Die Minister glauben, dass es in Nossen schwierig sei, die Cosel zu bewachen. Das »Theater von Nossen« soll in das Theater von Stolpen verwandelt werden. Doch es dauert noch bis Weihnachten, ehe alle Vorbereitungen getroffen sind.

Dann ist die Kutsche gerichtet, Verordnungen sind erlassen und Weisungen erteilt. Zum Sitzen ist sie zu schwach, die Gefangene muss in die Kutsche gelegt werden. Für Constantia ist es eine Reise ins Ungewisse. Die Befehle gehen allein an die Offiziere, das Ziel der Reise soll geheim bleiben. Die Fahrtroute führt an Dresden vorbei. Zwischen der Residenzstadt und ihrem Pillnitz hält der Wagen in Blasewitz vor einem Gasthaus. Von den in fünf Schüsseln gereichten Speisen rührt sie kaum etwas an. Und weiter über die Elbe führt der Weg nach Osten. Nach einem der kürzesten Tage des Jahres ist die Nacht angebrochen, als sie Stolpen erreichen.

Ongefehrer GrundRiß und Prospect der BergFestung STOLPEN. Zeichnung (Ausschnitt) eines unbekannten Künstlers, Mitte 18. Jahrhundert

Es muss ihr als ein dunkler, unheimlicher und abstoßender Ort erschienen sein, auch wenn sie Stolpen kannte. Acht Jahre zuvor hatte sie die Festung in Begleitung Augusts des Starken besucht, der bei dieser Gelegenheit die Stolpener Festungswerke inspizierte und sich sodann, »nebst der Frau Graefin von Cosel mit Wildpret=Schißen im Tiergarten« belustigte. »Am folgenden Morgen frueh um 8. Uhr giengen Sie wieder zurueck nach Pillnitz.«

Die Erinnerungen an diesen 16. Juli 1708 können jetzt kein Trost für sie sein, Stolpen ist kein Ort zum Gesunden. So bessert sich ihr Zustand kaum. Wiederum ist der Hofarzt Tropaneger bei ihr. Am 28. Dezember 1716 berichten sowohl der Major der Festung von Wehlen als auch der Hauptmann Heinicke nach Dresden, dass der »Gräfin Cosel Zustand noch nicht geändert ist, sondern wie selbige gestern nachmittags 3 Uhr in die Ihre schon in

Nossen zugestoßene Krankheit verfallen ... miserabler Zustand, welcher ihr die ganze rechte Seite gelehmet ... Sie lieget annitzo Abends um 8 Uhr wieder in harten Paroxismo (Anfall, höchste Steigerung von Krankheitserscheinungen) also daß es einen Stein erbarmen möchte«. Die Offiziere bitten um einen Arzt und Medikamente. Am 4. Januar 1717 schreibt Hauptmann Heinicke über die Kranke: »Es scheint auch, als wenn ihr das Gedächtnis ziemlichermaßen ablegte und der Kopf bei diesen schweren Zufällen ziemlich zerrissen würde.« Erneut weint sie bitterlich. Am 24. Januar verfasst die Gräfin dann wieder eigenhändig einen Brief. Langsam stellt sich Besserung ein. Jedoch werden sie die Auswirkungen des Schlaganfalls noch Monate beeinträchtigen.

So beginnt ihre lebenslängliche Festungshaft unter denkbar schwersten Umständen. Es verwundert nicht, wenn sie im Juni 1719 um ihre Freilassung fleht, da sie auf Stolpen um ihre Gesundheit komme. In einem anderen Brief jener Zeit klagt sie, »daß es sehr schlecht mit Kopf, Magen und Beinen aussehe, der Schlag folge ihr auf dem Fuße nach, wenn sie nicht gar sterbe, werd sie so ein ungesundes Mensch, daß ihr die kalte Erde dienerlich als das Leben sein werde«. Jahre später stellt sich Rheumatismus ein. »Es ist hier oben eine starke Kälte, auch viel Schnee und Wind, wodurch die rheumatischen Hälse und andere Zufälle auch mein Gesinde angestoßen haben.« Und sie schreibt an Hofrat Wichmannshausen: »Sollte es denn keine Möglichkeit sein, S.(eine) K.(önigliche) G.(naden) dahin zu disponieren, daß Sie mit Gnaden die edle Freiheit mir zustünden, den was ist ihnen mit der lengeren Qwahl einer alten ungesunden Frau gedient, die so viele trübselige Gewitter ausgestanden.«

Im Herbst 1721 erkrankt die Gräfin wiederum. Sie weigert sich Medikamente einzunehmen und verlangt, dass selbige vor ihren Augen zubereitet würden. Offensichtlich befürchtet die Gefangene vergiftet zu werden. Die vorge-

Drei Arzneiflaschen der Stolpener Apotheke und Glasflasche, teilweise bemaltes Glas aus dem 18. Jahrhundert

setzte Behörde in Dresden gestattet daraufhin dem Apotheker von Stolpen auf das Schloss zu kommen, jedoch nur mit einer vorab zu leistenden Versicherung »außerdem nichts mit ihr zu sprechen, noch sich in etwas einzumischen, Nachricht zu überbringen oder Briefe zu tragen«.

Als am 4. Dezember 1721 eine Untersuchungskommission nach Stolpen reist, um die Cosel in Fragen ihres Vermögens zu verhören, steht eine besondere Klausel in den dazu erlassenen Instruktionen: »... damit auch der Gräfin, wenn ihr bei ihrer bekannten Heftigkeit einiger Zufall zustoße, allenfalls benöthigte Hülfe nicht entstehe«, sollten sie einen Arzt mitnehmen, »indessen bei ereignetem Zufall die Durchsuchung der Sachen und was sich sonst expediren (erledigen) lasse, nicht aussetzen«. Die zweitägige Untersuchung bedurfte keiner aktiven Teilnahme des mitgereisten Arztes.

Eine weitere aktenkundig gewordene Krankheit befällt die Gräfin Cosel am 6. Juli 1730. Wieder ist es eine Lähmung, diesmal am rechten Oberschenkel. Der zurate gezogene Arzt Dr. Neid hält es für nötig, zusätzliche Krankenwärterinnen zu bestellen, was auch am 11. Juli »unter der erforderlichen Präcaution (vorsorgliche Sicherheit)« gestattet wird. Allein die Gräfin widerspricht, weil sie die Kosten von drei Talern die Woche pro Krankenwärterin, die auch noch besseres Essen verlangen, für unangemessen hält. Sie wolle billigere Frauen aus Stolpen bestellen. Graf von Wackerbarth, Oberkommandierender der sächsischen Hauptfestungen, entspricht diesem Vorschlag nicht. Dr. Neid befürchtet mittlerweile das Schlimmste für die Patientin und glaubt, dass sie in großer Gefahr schwebe. An den Stolpener Festungskommandanten Oberst von Boblick ergehen am 23. August spezielle Anweisungen, wie im Falle ihres Ablebens zu verfahren sei. Auch wenn die Lähmungen sich bessern, so bleibt sie bis in den Januar 1731 sehr krank. Graf Wackerbarth schickt ihr einige Kapaunen (kastrierte, gemästete Hähne), an denen sich die Gräfin delectirt (ergötzt), wie sie am 21. Januar an Wackerbarth schreibt, »denn es ist allhier ein sehr miserables Leben, ... und die Mittel welche ein besseres (Leben) vorschlagen möchten, seind mit so vielen Kyrieleison (Herr, erbarme dich) umgeben, daß einem davor grauet sich unterwürffig zu machen«.

Welche Auswüchse jene über die Gräfin Cosel wachende Verwaltungsbürokratie zuweilen annahm, zu welcher Beschränkung stures Erledigen und blindes Befolgen von Anweisungen, gepaart mit vorauseilendem Gehorsam führten, zeigt ein Vorgang, bei dem es wiederum um die Gesundheit der Gräfin ging. Bei einem Unwohlsein verordnete der herbeigerufene Arzt ein Lavement (anregende Waschung/Einreibung). Die Anwendung desselben besorgte nicht der Arzt, sondern man rief den Bader aus Stolpen, da auch die Bediensteten der Gräfin die Handhabung nicht verstanden. Der Bader jedoch wurde vom Kommandanten Boblick nicht in das Zimmer der Gefangenen gelassen, befürchtete er doch die Durchführung geheimer Praktiken oder das unkontrollierte Überbringen von Nachrichten. Eine solche Entscheidung allein zu verantworten getraute sich Boblick nicht, weshalb er nach Dresden an das Geheime Kabinett schrieb. Sein Bericht veranlasste am 26. November 1732 eine Beratung, deren Ergebnis ausführlich protokolliert wurde. Der Bader sollte das Mittel zwar verfertigen, anwenden müsste es aber die Kammerfrau, die der Bader entsprechend anzuleiten hatte. »Der Bader solle aber, ehe er in einer Küche im Schloß das Mittel bereite, noch besonders verpflichtet und genaue Aufsicht geführt werden, daß weder von der Kammerfrau dem Bader, noch von diesem jener etwas hinterbracht, zugesteckt oder heimliche Communication gepflogen werde.« Ob die Kranke nach Tagen des Berichtens, Beratens, Protokollierens und Anweisens das Lavement noch nötig hatte und verabreicht bekam, darüber schweigen die Akten.

Detail der musealen Inszenierung des Wohnzimmers, Lesetisch und Armlehnstuhl

Die Nachrichten über gesundheitliche Probleme werden nun seltener. Die Baufälligkeit des Zeughauses, in dem die Cosel seit nunmehr zweieinhalb Jahrzehnten lebt, betrifft auch ihre Öfen. Am 22. April 1744 stürzt plötzlich ein großer Ofen zusammen und verletzt die vierundsechzigjährige, an einem Tisch sitzende Gräfin im Gesicht und an den Händen. Schweren Schaden nimmt ein Bein, denn »die Röhre ihres linken Beines ward zerschellert«.

Der Schrecken eines Feuers am 6. Mai 1754 soll nach dem Bericht des Kommandanten von Liebenau die Ursache für »einen starken Steckfluß« (Lungenödem) der dreiundsiebziegjährigen Gräfin gewesen sein. Auf seine Frage, ob sie denn nicht einen Arzt oder geistlichen Beistand verlange, kann, da sie fast kein Wort zu sprechen vermag, Liebenau nur so viel verstehen, »daß sie weder Geistlichen noch Doctor begehre«. Wie lange ihre Genesung in Anspruch nahm, ist nicht überliefert.

Die über achtzigjährige Gräfin Cosel verbringt nun viel Zeit in ihrem Wohnraum im Johannisturm. Auf einem Armlehnstuhl ohne Rückenstück, darauf sie »auf 2 alten übereinanderliegenden Federkißen, den Rücken allzeit dem Ofen zukehrend geseßen« verbringt sie »oft halb geistesabwesend« ihre letzte Zeit. Im März 1765 wird die Hochbetagte immer schwächer, bis sie das Bett nicht mehr verlassen kann. »Vor ihrem Lebensende soll sie noch mit der Epilepsie befallen worden seyn, und in solcher ist sie« am 31. März 1765 vormittags gegen 11 Uhr im 85. Lebensjahr verstorben, berichtet der Amtmann Gülden. Mehrfach sterbenskrank gewesen, erreicht die Gräfin Cosel doch ein hohes Alter. Trotz widriger Umstände geht ein abenteuerliches und schicksalhaftes Dasein im Rhythmus des Lebens zu Ende.

… *spezialiter verpflichtet* Bedienstete

Die Gräfin Cosel führte zu allen Zeiten ihre Haushalte selbst. Das betrifft sowohl das Taschenbergpalais in Dresden, wo sie bis 1713 einen eigenen Hofstaat unterhielt, als auch ihre Haushaltung in Pillnitz, wo sie einen Verwalter einsetzte. Als eine Adlige von hohem Stand und Rang begleiteten sie Bedienstete das ganze Leben. Auf ihrer Reise nach Berlin am 12. Dezember 1715 nahm die Gräfin einen Kammerdiener und das Mädchen Catharina aus Pillnitz mit. In Berlin logierte sie im Haus des Stallmeisters Franz. In Halle wohnte sie bei einem Bürger in einer abgelegenen Straße. Ein Herr von Löen berichtete später als Augenzeuge, »daß lediglich Leute ihr das Essen über die Straße brachten«. Es ist somit wenig wahrscheinlich, dass die Gräfin auf ihrem Gefangenentransport von Halle nach Nossen von Bediensteten begleitet wurde.

In Nossen angekommen greift man auf Personal des Schlosses zurück und aus Pillnitz ist einer ihrer Kammerdiener angereist. Die Gefangene bittet um eine Magd aus Dresden, da sie ein Kammermädchen verabschieden müsse, die für die Krankenpflege zu schwach sei. Ein weiteres Mädchen befindet die Cosel für unanständig und entlässt es. Der für die Inhaftierte zuständige Hauptmann Johann Holm berichtet auch von einem Sekretär, der jedoch behauptet, er wäre gar nicht bei der Gräfin angestellt. Holm bittet um mehr Bedienstete. Das Essen trägt der zum Wachkommando gehörende Tambour (Trommler) über den Hof. Holms Vorgesetzter Janus von Eberstedt, der Gouverneur von Dresden, verspricht Abhilfe. Ihren Kammerdiener schickt die Cosel mit Aufträgen nach Dresden. Er solle auch 100 Taler aus Pillnitz mitbringen. Sie musste sich vom Nossener Amtmann 50 Taler leihen, um ihr Gesinde entlohnen zu können. Der Kammerdiener wird in Dresden verhaftet. Die Gräfin Cosel erfährt davon durch einen Korporal (niedrigster Unteroffiziersgrad) der Wachmannschaft, der es gedankenlos dem Sekretär erzählte. Den Korporal verhaftet man. In einem Bericht über diese Indiskretion führt Holm folgende Personen auf, die alleinigen Zugang zur Gefangenen haben: die Krankenpflegerin, der Apotheker, ihr Sekretär, das Kammermädchen, und »das Mensch, welches die Stube auskehrt und ihr den Nachtstuhl austrägt«.

Ebenfalls um diese Zeit ließ Löwendahl eine weitere Bedienstete der Cosel festnehmen, das Kammermädchen Maria Catharina Rost, die seinerzeit die Gräfin nach Berlin begleitete. Im Dresdner Stockhaus, »einem üblen Gefängnis«, eingesperrt, erhoffte man sich von ihr Nachrichten über geheime Aktivitäten der Cosel in Berlin. Außer einigen Auskünften über Effekten wusste sie nichts zu berichten. Man glaubte ihr jedoch nicht und ließ sie im Gefängnis. Erst Jahre später, als man befürchtete, dass die Rost in ihrer Verzweiflung »wider ihre eigene Person gefährliche extrema vornehmen« würde, kam sie im März 1723 frei. Sie musste beeiden, mit niemandem über die Gründe ihrer Inhaftierung zu reden.

Auch für die Überführung der Cosel nach Stolpen ist es wenig wahrscheinlich, dass Bedienstete den Transport begleiteten. Einige Tage nach ihrer Ankunft bat sie um einen Sekretär. Der geheimnisvolle Unbekannte aus Nossen ist ihr offensichtlich nicht gefolgt.

In den Instruktionen an den Stolpener Festungskommandanten Major von Wehlen vom 23. Dezember 1716 zur Verwahrung der Cosel findet sich unter »12.« auch eine Anweisung in Bezug auf ihr Gesinde: »Die Leute, welche zu ihrer Bedienung zugelaßen, sollen spezialiter verpflichtet werden, worzu die Eydes Notul (Eidesformel) der Capitain Heinicke bey sich hat.« Der Gräfin Cosel werden zukünftig fünf Bedienstete zur Verfügung stehen: ein Kammermädchen, Küchenmagd, Koch, Tafeldecker und der Stubenheizer. Ihr Dienst ist zusätzlich belastet, unter-

Handarbeitsutensilien (Nähkästchen, Nadelkissen, Stopfpilz, Garnrolle, Bandmaß, Schere, Fingerhut, Tischzwinge, Bügeleisen und Bügeleisenständer), 18. Jahrhundert

liegt er doch einer ähnlichen Kontrolle, wie man sie der Gräfin auferlegt. Als sich die Gefangene mit ihren Dienerinnen die Zeit mit Spinnen vertreibt, erweckt das den Argwohn ihrer Bewacher. Womöglich ließe sich damit eine Strickleiter fertigen. Eine schriftliche Verordnung vom 4. Mai 1717 verbietet auch den Dienstmädchen das Spinnen, das Gespinst der Cosel ist in Verwahrung zu nehmen.

Eine neuerliche Einschränkung erfahren die Bediensteten 1725. Der Kommandant untersagt ihnen, in die Stadt zu gehen. Heftig widersetzt sich die Cosel und erreicht eine Verfügung aus Dresden, die dem Koch, Stubenheizer und dem Küchenmensch den Aufenthalt in der Stadt wieder gestatten. Sie sollen sich aber nicht verleiten lassen, etwas Schriftliches an oder von der Gräfin zu bestellen.

Abermals ergeht einige Zeit später das Verbot, die Festung zu verlassen. Gleichzeitig müssen sich die Bediensteten in der Kapelle separat von den auf das Schloss kommenden Stolpenern setzen, um die Möglichkeit einer geheimen Briefbesorgung zu unterbinden. Vier der Domestiken kündigen daraufhin. Neues Personal zu verpflichten ist unter diesen Umständen schwierig. In einem Brief vom 4. Februar 1733 äußert sich die Gräfin über ihre Ansprüche an die Bediensteten, nicht frei von Bitternis über ihre eigenen Lebensumstände: »Es müssen solche Creaturen sein, die aus Dumheit das Kleinodt der Freyheit nicht kennen und überhaupt von allen 5 Sinnen nur ein Viertheil besitzen und absonderlich ohne Empfind-

Diese Ansicht zeigt den kürzesten Weg des Dienstpersonals der Cosel in die Stadt Stolpen. Wer in das Schloss gelangen wollte, musste sich des Klingelzuges an den Palisaden bedienen. Das Bergschloss Stolpen nach der Stadt oder Mitternacht-Seite. Federzeichnung eines unbekannten Künstlers, 1762. Universitätsbibliothek Halle

lichkeit der Welt ihr Tage hinbringen.« Sie habe nun ziemlichermaßen eine solche Zusammenstellung erzielt, denn der Stubenheizer gleiche mehr einem Schäferhund als einem Menschen und der Koch ist ein einfältiger Tropf oder unverständig boßhaft, hat aber dabei die moralische Tugend, nicht zu saufen und zu spielen und er ist »das menschliche Geschlecht zu vermehren auch gar keine(n) Wollüste(n) ergeben«. Ihr Kammermädchen hält sie für ganz vernünftig, sie hat sich die sieben Jahre stattlich aufgeführt und lässt sich die Einsamkeit gefallen. Eine Bedienstete der Cosel zu sein bedeutet nach ihren Worten, von den anderen gemieden zu werden »als wan sie pestificirte Leute wehren« oder zur Infamie neigende Kreaturen, die des Ansehens und Grüßens nicht würdig sind. Die Beschränkungen werden wieder aufgehoben, jedoch nicht ohne das Personal der Gräfin neuerlich zu verpflichten. Einige Zeit später untersagt man der Cosel Dienstboten einzustellen, die eine fremde Sprache beherrschen. Weder der Kommandant Boblick noch ihr Bewachungsoffizier Holm verstehen Französisch oder eine andere Fremdsprache.

Im März 1733 schreibt die Cosel an einen Hofrat und teilt ihm mit, dass sie die alte Küchenhilfe bewegen konnte, noch ein Jahr zu bleiben. Sie vertraut auf den Hofrat, der sich bestens bemühen werde »für mich ein tüchtiges Küchenmensch zu erwischen«.

1734 beschäftigt die Gefangene bei sich den achtzehnjährigen Sohn des Kantors der reformierten Kirche in Dresden. Sie sieht es als ihre Christenpflicht an, ist doch Niclaus Förtin ganz hilflos. Seine Mutter hat ihn wegen seiner ungewöhnlichen Hässlichkeit mit der Behauptung verstoßen, er sei nicht ihr Kind, sondern wurde von der Amme vertauscht.

Das Kammermädchen der Cosel verheiratet sich und quittiert den Dienst. Auf der Suche nach Ersatz bemüht sie den Dresdner Steuerinspektor Pohle und verspricht 20 Taler Lohn und elf Taler Biergeld. Pohle findet auch zwei Mädchen und auf Bitten der Cosel werden sie nach Stolpen geschickt, damit die Gräfin sie sehen könne. Boblick legt den Befehl wörtlich aus und verbietet der Gräfin mit den Mädchen zu sprechen, da in der Anweisung lediglich von »sehen« die Rede ist. Außer sich über so viel Beschränktheit verzichtet die Cosel auf das »Sehen« und beschwert sich mit ihrem ganzen Temperament über Boblick mit seinem »blöden Verstand theils lächerlich, theils ärgerlich, den man nichts als Ketten, Haspen, Riegel und Schlösser schleppen sieht«. Ein nachfolgendes Reskript bedeutet nun Boblick, dass er die Cosel »das diesfalls Nöthige« mit den Mädchen sprechen lassen dürfe. Die »gewöhnlichen Präcautionen« würden genügen.

Mit Verordnungen vom 21. September und 10. Oktober 1740 gehen einige Erleichterungen ihrer Verwahrung einher. Dazu gehört, dass die Zustimmung des Kommandanten zum Wechseln ihrer Bediensteten genüge. Mit zunehmendem Alter setzt auch eine Einschränkung ihrer Bedürfnisse ein. Die alternde Cosel wird sparsamer und reduziert ihr Personal schließlich auf zwei Domestiken. Aus dem am 18. April 1765, zweieinhalb Wochen nach dem Tod der Cosel, aufgesetzten abschließenden Bericht geht hervor, dass bei ihrem Ende niemand als ihre Magd und der Stubenheizer zugegen waren, »welche 2 Personen seit vielen Jahren ihre ganze Bedienung ausgemacht«.

In der Durchsicht des Hauptportals erkennt man das von der Gräfin Cosel 1751 errichtete »neue Angebäude«. Das dritte Schloß-Thor zu Stolpen. Federzeichnung eines unbekannten Künstlers, 1762. Universitätsbibliothek Halle (Ausschnitt)

... böses Commando Bewacher

Der sächsische Offizier Oberst von Thiemann, der die Gräfin Cosel von Halle nach Nossen »gefänglich geführet« hatte und sich an ihr verging, wird als ein äußerst barscher Mensch beschrieben. Seines Postens enthoben, ersetzte ihn in Nossen Hauptmann Johann Holm. Dessen Person beschreiben Chronisten als korrekt. Er hält sich an die Vorschriften, urteilt wenig, aber beobachtet mit Phantasie und Gefühl, ein treuer Diener und guter Soldat. Er erkennt schnell, dass die Bewachung der Gräfin eine heikle Angelegenheit ist, bei der er sich im Interessenfeld höchster Kreise befindet. Holm bittet seinen Vorgesetzten Eberstedt, den Gouverneur von Dresden, ihn aus »diesem bösem Commando bald zu absolvieren (entlassen)«.

Mit der bevorstehenden Verbringung der Cosel nach Stolpen verstärkte man die Garnison der Festung um 40 Mann, vier Unteroffiziere und den Offizier Hauptmann Lauterbach. Ein weiterer Hauptmann, Johann Bernhard Heinicke, übernahm auf Stolpen die Funktion von Hauptmann Holm.

Am 23. Dezember 1716 ergehen detaillierte Anweisungen an den Festungskommandanten Stolpens, Major von Wehlen, und den Hauptmann Heinicke, der zur »Aufsicht und Versorgung« der Gefangenen »absonderlich verpflichtet, und bestellet worden«. Obwohl Heinicke gegenüber dem Major ein militärisch Untergebener ist, dürfen nur beide gemeinsam in Sachen Cosel handeln. Offensichtlich galt das Prinzip Misstrauen im Fall Cosel auch für Festungskommandanten.

Die Ankunft der nicht namentlich genannten Gefangenen ist per auszustellendem Schein dem überbringenden Offizier zu quittieren. Die »sichere Verwahrung dieser arretierten Person«, »an derer guter Verwahrung Ihr(er) König(lichen) Maj(es)t(ät) sonderlich gelegen«, das ordentliche Bestellen und Beaufsichtigen der Wachen und nachgesetzter Offiziere, gibt den Anlass dieses Papiers. Die Mannschaften sollen von Zeit zu Zeit mit Soldaten der Festungen König- und Sonnenstein (Pirna) ausgetauscht werden. Niemand darf ohne das Wissen des Majors von Wehlen und des Hauptmannes Heinicke in das Innere der Festung gelassen werden. Wenn Personen in Angelegenheiten mit der Inhaftierten zu reden haben, so müssen der Major und der Hauptmann zugegen sein. Den Offizieren ist es verboten mit ihr zu essen. Will die Gräfin in die Kirche, so ist ihr ein eigener Kirchenstand zu aptiren (einzurichten), »wo selbst Sie, iedoch mit niemand conversiren (sprechen) kann, sonde(r)n bloß den Gottesdienst abzuwarten hat«. Ein Spaziergang im Tiergarten ist erlaubt, jedoch nur in Begleitung beider Offiziere. Zuvor sind Schildwachen aufzustellen und »die Avenues und verdeckten Örther vorhero wohl zu visitiren (untersuchen)«. Was die Gräfin verlangt, sollte ihr gegeben und zugesandt werden, »ie denoch müßen aufs genaueste alle Bücher, Kleidung, Wäsche, und wie es Nahmen haben möge, vorhero wohl durch sehen und visitiret werden«. Briefe zu schreiben erlaubt man der Cosel. Jedoch unterliegen sie der Zensur, »welches aber so viel thunlich unvermerckt geschehen muß«. Keinesfalls darf sie in den Besitz von Gewehren gelangen.

Weitere Punkte befassen sich detailliert damit, der Gräfin »umb so viel mehr alle Communication (Kontakte) zu nehmen und die Wachen Tag und Nacht zu beaufsichtigen«. Alle zwei Stunden hat ein höherer Offizier zu kontrollieren und die »kriegs Disciplin zu erhalten«. Das be trifft insbesondere die unter den Räumen der Gefangenen liegende Wachstube, wo ein Unteroffizier mit Mannschaft darauf zu achten hat, dass nichts vom Fenster der Cosel heruntergelassen oder heraufgezogen werden könne. Die Gräfin sieht das als »Farcen, so man mit mir spiehlet«. Wenn sie Teewasser verlange, so entstünde eine »Punktierung, ob Wasser Wasser ist«, wenn sie in ihrem Zimmer spazieren gehen will, so werden die Säulen vom Haus untersucht, als ob sie mit übersinnlichen Kräften die Tore aus ihren Riegeln heben könne. »In Summa ühber mir, neben mir und unter mir habe ich Irwische, und wenn ich nicht noch ein bisgen Jugend hätte, zweifle ich nicht sie würden mir auch des Nachts bis in mein Bette accompagnieren (folgen, begleiten).« Bevor der Festungskommandant unter dem letzten Punkt zur größten Verschwiegenheit verpflichtet wird, heißt es unter »24.« »muß mann der Gräfin allemahl mit Civilität und Höffligkeit entgegen gehen und derselben begegnen«.

Geld darf der Gräfin Cosel nicht in die Hand gegeben werden. Der Hauptmann behält »hierüber die disposition und Rechnung«. Man befürchtet wohl die Möglichkeit einer Bestechung. Tatsächlich finden Bevollmächtigte im Dezember 1721 bei einer Durchsuchung ihrer Räume 47 in einer Zuckerdose versteckte Dukaten (Goldmünzen). Da auch der zu einer Gegenüberstellung nach Stolpen gebrachte Dresdner Hofjude Pörlhäffter nach mehrwöchigem Gefängnis zugibt, Briefe der Inhaftierten zu besitzen, setzt eine Untersuchung gegen einen zur Festungsgarnison gehörigen Leutnant Melchior Johann Helm ein. Er gesteht, zwölf Dukaten angenommen zu haben, um Briefe aus der Festung zu schmuggeln. Die Gräfin Cosel hatte sie an einem Faden vom Fenster herabgelassen, oder der Lakai Gäbler versteckte die Briefe in der Serviette, um sie aus ihren Räumen zu bringen. Den Leutnant verurteilt man zum Tode durch Enthaupten. Zuvor sollen ihm zwei Finger der rechten Hand abgehauen werden. Die Cosel setzt sich nachdrücklich für ihn ein und übernimmt die Verantwortung für seine Tat. Im September 1724 präpariert man ihn für die Hinrichtung und führt ihn auf den Richtplatz, um ihm dort seine Begnadigung zu sechs Jahren Festungshaft zu verkünden. Im Mai 1725 kommt er frei. Die Gräfin lässt den Mittellosen mit Geld unterstützen. Den Lakai bestraft man mit zehn Jahren Landesverweis.

Bereits 1717 hat die Gräfin Cosel versucht, dem Apotheker von Stolpen heimlich Briefe zuzustecken. Doch ihre Bewacher entdecken diesen Postweg. Noch einmal gerät sie 1732 in Verdacht, heimlich Briefe zu versenden. Eine Untersuchung endet jedoch ohne konkrete Ergebnisse. Hauptmann Holm, der 1717 den als zu nachgiebig eingeschätzten Hauptmann Heinicke ablöste, und der Kommandant Oberst von Boblick - er hatte den 1725 verstorbenen Major von Wehlen ersetzt - beschuldigen sich gegenseitig der Nachlässigkeit. Beide erhalten einen strengen Verweis. Hauptmann Holm wird sein ganzes Leben mit der Bewachung der Cosel zubringen. Er stirbt siebenundachtzigjährig im August 1760 auf Stolpen.

Den Festungskommandanten Johann Heinrich von Boblick bezeichnen Druckschriften als kopflosen Pedanten, kleinlich und dienstbeflissen, ohne Herz und Verstand. Er stirbt 1747 als Generalmajor in seinem 92. Lebensjahr. Sein Nachfolger ist der Generalmajor Johann Adolph von Liebenau, ein bereits älterer, humaner Mann. Im März 1760 folgt ihm als Kommandant Oberstleutnant Georg von Low. Die fast achtzigjährige Gräfin Cosel dürfte diesem Wechsel nur wenig Interesse entgegengebracht haben. Das gilt wohl auch für die Ernennung des Oberst August Benjamin Francken 1763, der mit der Auflösung der Garnison Stolpen ein Jahr später die Festung wieder verlässt. Ein kleines Kommando zur Verwahrung der Veste verbleibt auf Stolpen. Noch immer sitzt die Gefangene in ihrem Turmzimmer. Der Amtmann von Stolpen, Christoph Friedrich Gülden, regelt nun die noch zu treffenden Angelegenheiten.

… *gute Cammer* Verwahrung

In den Instruktionen an den Kommandanten Stolpens, Major von Wehlen, finden sich unter Punkt »18.« auch Festlegungen für die Unterbringung der Gräfin Cosel. Räume im Zeughaus werden für sie bestimmt und ein Herr von Haxthausen, ebenfalls Gefangener, muss in den Kapitelsturm umquartiert werden. Er soll »nebst seinen Leuten« »keine Gelegenheit bekommen, in den andern Stock, worinnen die Gräfin befindlich« zu gelangen. Dem speziell zur Bewachung der Cosel abkommandierten Hauptmann ist eine Stube anzuweisen, von der er einen guten Überblick zur Beobachtung der Wachen hat.

Das Zeughaus hatte bereits Kurfürst August nach 1559 auf einem ehemaligen bischöflichen Vorgängerbau errichten lassen. Es war Bestandteil des Schlosses Stolpen und beinhaltete in den oberen beiden Stockwerken prächtige Räume. Besonders die für die Kurfürstin Anna von Dänemark ausgestatteten Gemächer müssen als herrschaftlich angesehen werden, auch wenn die Renaissanceräume in der Epoche des Barock nicht mehr dem Lebensgefühl der Zeit entsprachen.

Die Gräfin Cosel bezieht eine Etage des Zeughauses mit fünf Zimmern. Unter ihr liegt die große Burgküche mit dem Zehrgarten (Speiseraum), eine Wachstube und ein als Dirnitz (Waffenmagazin) bezeichneter Raum. Die Gefangene unterhält trotz der Nähe zur allgemeinen Burgküche ihre eigene Herdstelle.

Das Zeughaus liegt an der Südflanke der Festung, Sonne und Licht erhellen die Räume. An schönen Tagen kann sie über den am südlichen Burgberg gelegenen Tiergarten bis ins Böhmische schauen. Von den nach Norden weisenden Fenstern überblickt sie das Geschehen im IV. Hof, dem Herzstück der Festung. In einem Brief an ihre Mutter formuliert die Gefangene 1717: »Sonsten werd noch

Diese Ansicht von Süden zeigt mit Zeughaus, Wehrgang und Johannisturm die von der Gräfin Cosel bewohnten Gebäude. Die von Wehrgang herabgeführte Treppe nutzte sie, um zu ihrem kleinen Garten zu gelangen. Schloss gegen Mittag, 1725. Kolorierte Lithographie (beschnitten) von Gustav Täubert, Riedel, 1850

ziemlich wohl gehalten im Eßen und Trinken, auch eine gute Cammer, das übrige aber ist das Commando so hart als wann ich das Leben verbrochen hätte.«

Das Zeughaus hat seit seiner Errichtung keine wesentlichen Veränderungen erfahren. Deutlich zeigen sich Bauschäden, die die Gräfin am 5. Mai 1731 zu einem Brief an Graf Wackerbarth veranlassen. Das Haus habe im Fundament große Risse bekommen, »wodurch der Fußboden an etzlichen Ohrten schier ein virtel gesunken, auch durch alterthum die Bretter so auseinander, daß man die Hände hineinlegen kann«. In den 15 Jahren ihrer Gefangenschaft seien »schon vielle Hungerleider« hier gewesen, »die ihre Lebenszeit mit Besichtigung, Anschlägen und Einnehmung der Auslößung zugebracht, aber (es ist) nichts effectives erfolget«. Zehn Jahre später sind wiederum dringend Reparaturen am Zeughaus nötig. Es müssen eiserne Anker eingezogen werden, da die Mauern bedrohliche Risse zeigen. Offensichtlich gab es erhebliche statische Probleme. Bereits zu dieser Zeit bemüht sich die Gräfin um eine anderweitige Unterkunft. Graf Rutowski schreibt am 6. Mai 1741 dem Festungskommandanten von Boblick: »Ihro Excellenz der Gräfin von Cossel ist die Wahl zu lassen, welche Zimmer Sie nach Erfordernis ihrer Bequemlichkeit beziehen will und ihr nichts in (den) Weg zu legen, worüber Sie ihres logierens halber unzufrieden zu seyn ursache haben kann.«

Ein besonders heftiges Unwetter ereignet sich in der Nacht vom 22. zum 23. Juli 1743. Um 1 Uhr schlägt der Blitz »in Ihro Exzellenz, der Frau Gräfin von Coßel und des Commandaten Zimmer«, trifft die dort befindliche Küche und ruiniert alles. Viele Fensterscheiben gehen zu Bruch. Auch einige Quermauern fallen ein. Ein weiterer Blitzschlag tötet eine Schildwache. Glücklicherweise bricht kein Brand aus.

Als im April 1744 die Gräfin Cosel durch einen einstürzenden Ofen verletzt wird, kann sie nicht länger im Zeughaus bleiben. War ein standesgemäßes Wohnen bisher schon kaum denkbar, so ist der Umzug in den Johannisturm mit einem weiteren Verlust an Komfort verbunden. Sie steht jetzt im siebenten Lebensjahrzehnt.

Aussicht vom Johannis-(Cosel-)turm über die Burg mit Seiger- und Siebenspitzenturm Richtung Dresden

Der als reiner Wehrturm errichtete Johannisturm brennt durch einen Blitzschlag am 17. September 1742 abends 11 Uhr aus. Nachfolgende bauliche Instandsetzungen ermöglichen nun auch wohnliche Verhältnisse in den Turmzimmern. Ein eingezogener Rauchabzug gestattet das Aufstellen von Öfen. Im untersten Turmzimmer richtet man der Cosel eine Küche mit der üblichen offenen Herdstelle ein. Der sandsteinerne Ausguss am westlichen Fenster bietet die Möglichkeit einer Entsorgung, ohne dass das Fenster geöffnet werden muss. Eine Nutzung der oberen beiden Turmgemächer als Wohn- und Schlafzimmer ist naheliegend. Als gesichert gilt der im Bericht des Johann Christoph Haude nach dem Tod der Gefangenen beschriebene Umstand, dass die Gräfin im hohen Alter nur noch einen Raum im Johannisturm nutzte. Das kleine, enge Zimmer, »welches die Defuncta (Verstorbene) in der ersten Etage des sogenannten Johannisturms bewohnt hat seit 15 Jahren« hatte keine Tapeten, »2 alte sehr schadhafte Stühle, eben soviel hölzerne kleine schlechte Tische,

Rechts: Coselausstellung Johannisturm, museale Inszenierung Coselküche

Verwahrung

Coselausstellung Johannisturm,
museale Inszenierung des Wohnraums

ein groß hölzern Bette ohne Vorhang«, so die Beschreibung der ärmlichen Hinterlassenschaft. »Durch den vielen Rauch und Dampf einer mitten im Zimmer von der Decke herabhängenden Lampe welche vom Abend bis am hellen Morgen brennen mußen, war alles so schwarz (ge)worden, daß man den Zeiger einer an der Wand stehenden schlechten Schlaguhr nicht erkennen konnte.« In einem verschlossenen Behältnis befindet sich nichts als alte Wäsche, etliche Schüsseln voller Mehl und gebackenes Obst.

Das Zeughaus bleibt der Gräfin auch nach ihrem Umzug in den Johannisturm zugänglich. Zu »ihrer mehrerer Bequemlichkeit« gestattet der König im Dezember 1761 der Inhaftierten die zusätzliche Nutzung der von ihrem lebenslangen Bewacher Hauptmann Holm bewohnten Räume. Die Verbindung zwischen dem Johannisturm und dem Zeughaus ermöglicht der Wehrgang an der Südseite des III. Hofes. So kann sie allzeit unbehelligt von Wachen oder Wetter die Gebäude wechseln. Im Gang selbst befinden sich verschlossene Wandschränke, angefüllt mit Töpferzeug, Tee- und Kaffeekannen aus Messing und Blech, Leuchter, Bier- und Weingläser. Die vom

Zeughaus nach der Schlosskirche führende Tür ist von innen mit Stühlen, Balken und Brettern verbarrikadiert, auch die Fenster sind mit »Fließ und Bretern fest verschlagen«. Der Zugang in die fünf hintereinander liegenden Räume des Zeughauses ist somit nur über den Wehrgang vom Johannisturm aus möglich. Die Protokollanten finden die Fußböden und Tische mit einer so großen Menge Hausrat aller Art bedeckt, »daß die Einwohner von ganz Stolpen reichlich damit versehen werden könnten«. Es ist kaum möglich, den Fuß auf den Boden zu setzen. Sechs Kisten und Koffer sind mit zum Teil gut erhaltenen Kleidern angefüllt, auch finden sich verschiedene Stoffe, roter und grüner Damast, weißer bestickter Atlas, Livreétuch und Castortuch (feinstes Wollgewebe). In den Schränken stehen eingemachte und verdorbene Konfitüren. Massenhaft verschimmelte Zitronen, getrocknetes Obst und Kräuter, große Flaschen voll Lein- und Rübsamöl, Wurzeln und dergleichen verbreiten einen unerträglichen Modergeruch. In der anderen Etage des Zeughauses befindet sich die Bibliothek der Gräfin. Etwa 3000 Bände Literatur hat die Cosel in ihrer 49 Jahre dauernden Gefangenschaft auf Stolpen zusammengetragen. Es sind zumeist Schriften über Philosophie, Physik, Chemie, Theologie und Geschichte in deutscher und französischer Sprache. Hier ist auch ihr in zwei Koffern verpacktes Silberservice abgestellt.

Ansicht des Seigerturms vom Johannis-(Cosel-)turm im abendlichen Licht

Die Gräfin Cosel muss als hochbetagte Frau jegliches Interesse an einem standesgemäßen Auftreten verloren haben. Sie kleidet sich einfach, hat ein Minimum an Bediensteten und was sie an wertvollen Gegenständen noch besitzt, das benutzt sie nicht mehr. Im Angesicht des Todes verlieren irdische Dinge ihre Wertigkeit. Aus einer glanzvollen Gesellschaftsdame des Dresdner Hofes ist eine einsame, vergessene und vom Schicksal erniedrigte alte Frau geworden. Ihr Lebenskreis hat sich auf das unbedingt Notwendige reduziert.

… *allergnädigste Unkosten* Vermögen

Mit ihrem Aufstieg zur offiziellen Mätresse erhielt die Freifrau von Hoym, geborene von Brockdorff – ab Februar 1706 war sie die Gräfin von Cosel – ein jährliches Salär von 100 000 Talern. Der Vergleich mit einem der höchsten Hofämter, dem Oberhofmarschall, der 4000 Taler jährlich zu erwarten hatte, verdeutlicht die immense Summe. Gleichzeitig überließ August der Starke ihr wertvolle Pretiosen, auch kostbare Silbermöbel aus dem Grünen Gewölbe und Grundstücke zur Nutzung. Das im Laufe der Jahre gewachsene Vermögen verwaltete sie selbst, unternahm eigene Geldgeschäfte und besuchte regelmäßig die Leipziger Messe, den wichtigsten (Geld-)Handelsplatz Sachsens. Das Gut Pillnitz, der König schenkt es ihr als Witwensitz, warf Gewinn ab. Demgegenüber verursachte die repräsentative und standesgemäße Hofhaltung enorme Kosten.

Mit ihrem Fall als Mätresse im Dezember 1713 endete auch die Großzügigkeit Augusts des Starken, jedoch setzte man ihr eine ansehnliche Pension von 15 000 Talern jährlich aus. Die Verhandlungen über ihr weiteres Leben mündeten im Dezember 1715 in ein vom König unterzeichnetes Papier, in dem der Gräfin Festlegungen der Jahre 1705 und 1712 bestätigt wurden, die ihr einen weitestgehenden Rechtsschutz für ihr Vermögen zusicherten. Im Eheversprechen heißt es dazu: »Was sie von Uns (den König) oder sonst an Lehen und Erbe, beweg= und unbeweglichen Gut erhalten, (soll ihr) geruhig (ge)lassen« werden.

Die Gefangennahme der Cosel und ihr Verbringen nach Stolpen im Dezember 1716 veränderten die Situation jedoch deutlich. Noch bis zum April 1718 hatte die Inhaftierte freie Verfügung über ihr Vermögen. Dann wurden die Hof- und Justizräte Karl Gottlieb Ritter und Johann Heinrich Exß zu Vermögensadministratoren berufen. Ihr

Einwand, sie könnten diese Funktion nur übernehmen, wenn die Gräfin Cosel zuvor für unmündig erklärt würde, ignorierte das Geheime Kabinett. Mehrfach sollten die Kuratoren wechseln und jährlich legten sie ihre Berichte vor, bis zum Tod der Gefangenen 1765. Den Oberrechnungsrat Döbner und den Kammerherrn Akzisrat von Schwan beauftragte man, ein Inventar über ihr Vermögen anzufertigen.

Die Gräfin Cosel reagiert überaus verbittert über diese Beschneidung ihrer Rechte. Sie selbst verweigert jegliche Auskunft oder Zusammenarbeit. Den Verwaltungsvorgang, den sie nun in der Regelung ihrer Angelegenheiten zu gehen genötigt ist, beschreibt sie folgendermaßen: »Wenn das allernothwendigste vorfällt, so ist Ritter in Commission (Erledigung von Geschäften), wenn der wiederkommt, so ist der Oberhofmarschall fort. Wenn der da ist, so hat Watzdorf sich auf seine Güter oder andere Verrichtungen begeben. Wenn es aber nun geschieht, daß sie alle beisammen sein, so gehört dennoch eine sächsische Frist (dazu), ehe und bevor die Hofräthe (ihre Kuratoren) Erlaubnis bekommen, mit mir zu sprechen, und wenn dann nun die westindische Flotte angesegelt kommt (nach Stolpen) und ich frage, ›Monsieur (mein Herr), was bringen Sie für eine Antwort‹, dann sagen sie: ›Wir haben Alles vorgetragen, wie wir es von ihnen vernommen, auch selbst befunden für nöthig, aber keine Resolution erhalten, aber man wird ohne Zweifel nach Polen (zum König) geschrieben haben‹.«

Der König hatte bereits 1715 eine Summe von 30 000 Talern für die Übernahme der coselschen Häuser zugesichert. Nun will er auch Pillnitz wieder an sich ziehen und bietet Schloss Zabeltitz als Ausgleich. Die Cosel lehnt entschieden ab. Im August 1719 nimmt sich der König Pillnitz und richtet dort seinem Sohn eine prunkvolle Hochzeit mit der Kaisertochter Maria Josepha aus. Die Gräfin soll bis auf weiteres die veranschlagten 2755 Floren

So genannte Coseldukaten, Goldjetons eines unbekannten Künstlers, undatiert. Umlaufender Spruch: WENN DU NICHT TREU WILT SEIN: SO: sinnfällig weiter: scheiß ich dir ins Herz hinein. Umseitig: UMSONST.
Diese Spielmarken waren kein Zahlungsmittel. Legendenhaft beziehen sie sich auf die Liaison des Königs mit der Gräfin Cosel, sind aber erst nach deren Beendigung und während der Gefangenschaft der Cosel ausgegeben worden.

Reingewinn jährlich erhalten, die das Gut abwirft. Die Cosel verlangt 5000 Taler oder einen Kaufpreis von 80 000 Talern. »Ich declarire (erkläre) hierdurch, daß ich dergleichen Procedere (Vorgehensweise) nie nicht werde approbiren (billigen) noch agnosciren (anerkennen) und wenn gleich die Mäuse in meiner Gefangenschaft mit meinem Squelette sollten herumlaufen.« Lieber wolle sie »trockenes Brod und Wasser sauffen«. Niemals würde sie Dinge unterschreiben, die sie nicht erhalten habe »und anderer Leute Bediente durch ihr Unglück reich und zu Pensionairs würden«, »da alle andern sich in das Meinige theilen und ich muß wie ein armer Hund mit lauter Bedürfnissen mich behelfen«. Diese Haltung legt man ihr später als ungebührliches Benehmen aus und stellt ab August 1720 die Zahlung ihrer Pension ein. Eine nochmalige Schätzung des Gutes Pillnitz korrigiert den Ertrag auf 3206 Taler 15 Groschen und $9\frac{1}{2}$ Pfennige. Dieser Betrag, der den Vermögensverwaltern jährlich zugeht, entspricht fünf Prozent des auf 64 132 Taler geschätzten Wertes der Herrschaft Pillnitz.

Die von August dem Starken gewünschte Vermögensaufstellung erforderte die Zusammenführung ihrer bis nach St. Petersburg, Hamburg, Depenau, Boizenburg, Berlin und Töplitz verstreuten Dokumente und Effekten. Das wichtigste Papier auf der Vermögenssuche war der Depositenschein einer Hamburger Bank, bei der die Cosel in unruhigen Zeiten 31 Kisten voller Wertgegenstände deponiert hatte. Die selbstbewussten Kaufleute gaben auch einem König nichts heraus, wenn er den Einlieferungsschein nicht vorweisen konnte.

Am 4. Dezember 1721 beginnt auf Stolpen eine zweitägige Durchsuchung der coselschen Habe. Als sie leibesvisitiert werden soll, hebt die Cosel halb provokant, halb spöttisch und übereifrig einen Rock nach dem anderen vor den Herren auf. Mit der Bemerkung, »daß dieses sich hier nicht thun lasse«, schicken die Visitatoren die Gräfin in ein Nebenzimmer, wo die Frau des Kommandanten von Wehlen und eine Hauptmannsfrau Marschall die Gefangene entkleiden. Allein sie finden auch am Leib der Cosel den gesuchten Schein nicht.

Den Depositenschein vertraute die Gräfin Cosel einem Leutnant d'Hautcharmois an, der in Halle zur Arrestbewachung der Cosel gehörte. Der Leutnant schwor, offensichtlich verliebt, der Arrestantin Treue bis zum letzten Blutstropfen. Als er jedoch erfuhr, dass hier königliche Interessen berührt wurden, übergab er den Depositenschein dem Fürsten von Anhalt-Dessau. Der Fürst reagierte auf das Herausgabeverlangen mit Ansprüchen auf ein sächsisches Waldstück. Im März 1727 gelangte der Schein in sächsische Hand und Kommissionsrat Fleuter konnte die Kisten in Hamburg in Empfang nehmen.

Anna Constantia von Cosel. Gemälde eines unbekannten Künstlers, 18. Jahrhundert, Schloss Augustusburg

Die Zusammenführung des Vermögens der seit zwölf Jahren gefangenen Cosel dauerte bis 1728. Dabei waren Kosten in Höhe von 66 558 Talern einem Groschen und drei Pfennigen entstanden. Der König übernahm die auf 176 000 Taler geschätzten Juwelen und Pretiosen sowie viele Silbergegenstände zum Schätzwert von 200 000 Talern. Ob er auch zahlte, ist, wie auch bei den 30 000 Talern für die Häuser, unklar. Die nun weitgehend vollständige Vermögensaufstellung vom 30. August 1728 verzeichnete 624 934 Taler fünf Groschen und zehn Pfennige. Auf Stolpen durfte die Gräfin Cosel nach wie vor keinen Pfennig davon in der Hand halten.

Die Inhaftierte versucht 1743 unter Umgehung der Kuratoren ihrem Sohn auf dem Weg einer Schenkung Ländereien im Wert von 72 000 Talern zu übereignen. Zur Bestätigung bittet die Cosel am 18. Februar den Stolpener Bürgermeister August Gottsorge Laurentius und den Stadtschreiber Johann Christian Vollrath zu sich. Dem Amtmann Johann Gottlieb Clodius bleibt es überlassen, dem Bürgermeister wegen des illegalen Verfahrens und »ungebührlichen Benehmens« die landesherrliche Rüge zu überbringen. Man solle sich auch zukünftig in keiner Weise in die die Gräfin betreffenden Angelegenheiten einmischen. Damit verbunden ist ein Gebührenbescheid über vier Taler und zwei Groschen »allergnädigster Unkosten«.

Seit dem März 1743 durfte die Gefangene über die für ihren Lebensunterhalt nötigen Gelder selbst verfügen. Gleichzeitig verstärkte August III. seinen Einfluss auf die Verwaltung ihres Vermögens und befahl, es bei der Obersteuereinnahme zinsbar anzulegen. Die Arbeit der Kuratoren vermehrte den Besitz der Inhaftierten bis 1744 auf 511 871 Taler und 16 Groschen, obwohl beide Töchter 100 000 Taler Mitgift aus diesem Vermögen erhalten hatten. Am 28. Juli 1744 ordnete ein Reskript an, der Cosel keine Details ihrer Vermögensverhältnisse mitzuteilen. Sie sollte sich mit dem Generellen begnügen. Es wurden ihr maximal 8000 Taler jährlich zur freien Verfügung gegeben. Sie hat davon 1747 lediglich 1344 Taler in Anspruch genommen.

In ihrem Testament vom 30. März 1760 – fünf Jahre hat die fast Achtzigjährige noch zu leben – setzte sie ihren Sohn Graf Friedrich August von Cosel zum Alleinerben ein. Er hat ein außerordentliches Vermögen erhalten. Ihre Tochter Friederike Alexandra bedachte die Cosel lediglich mit einer Zuwendung von 1000 Talern.

Die »untertänigste Relation (Berichterstattung) von denen zu Stolpen und der verstorbenen Frau Gräfin von Cosel Zimmer gefundenen Effecten und Briefschaften« verzeichnet auch Bargeld: »An baarem Gelde ist ein Fäßel mit Sächsischen 1/3 Stücken schlecht Geld vorhanden gewesen, die nach dem reducierten Werth 1659 Taler betragen. Sonst hat man in der Defuncta Wohnzimmer in einem Papire 32 Ducaten und 21 Louisdor (französische Goldmünze) nebst etwas wenigem Silbergeld, weiter aber nichts, gefunden.« In einem Versteck entdeckte man dann noch einmal 105 Gulden.

… *grimmiges Zorn=Feuer* Ereignisse

Die Auseinandersetzung Augusts des Starken mit der Gräfin Cosel drehte sich anfänglich vor allem um ein bestimmtes Papier, das 1705 ausgestellte geheime Eheversprechen. Sie gab es zur sicheren Aufbewahrung in das Familienarchiv der befreundeten Grafen von Rantzau. Kurz nach ihrer Ankunft in Stolpen klagte sie: »Das Dokument, worüber man mich so sehr quält, ist nicht in meiner Macht zu verschaffen.« Im Auftrag des Königs reiste ein gewisser Götsche zum Bruder des in Berlin-Spandau inhaftierten Grafen Christian Detlev von Rantzau nach Drage. Graf Wilhelm Adolph von Rantzau war zunächst nicht bereit, das versiegelte Paket auszuhändigen. Mit dem 24. April 1717 erhielt er ein Dokument, welches ihm versicherte, dass der König die Grafen gegenüber allen Ansprüchen der Cosel vertreten werde. Aus einem Brief der Gräfin an Löwendahl vom 17. Juni geht hervor, dass sie von der Übergabe ihrer Dokumente erfahren hatte. Sie fühlte sich nun restlos ausgeliefert.

Für die leiblichen Genüsse der coselschen Küche auf Stolpen sorgen Beauftragte wie der Hofjude Pörlhäffter, dem die Gefangene auch Bestellungen auf der Leipziger Messe zur Erledigung übersendet. Zur Ostermesse 1719 sind das auserlesene Dinge für 181 Taler. Dazu gehören »Zucker Rafinat« und »Candis-Zucker«, zwei Flaschen »Genueser Öle«, »asia bampos«, Trüffel, Nüsse (Pistazien, Mandeln) und Gewürze (Pfeffer, Nelken, Zimt) sowie 150 Zitronen und extra feiner Tee. Am 18. August 1718 bittet die Cosel Pörlhäffter, er möge doch endlich die seit einem Dreivierteljahr bestellte Leinwand schicken »weil ich kein Hemt noch Betziege (Bettzeug) habe, da nicht wehnigsten 6 oder 7 Flicken drauf seint«. Am 13. September 1718 bestätigt sie den Erhalt eines »Stück 2. Ellichte Leinwand«.

In dieser Zeit gerät die Gräfin Cosel mit den Stolpener Amtsfuhrleuten in Streit, die ihr Brennholz schlagen und Kohlen liefern. Entsprechend ihrem Herrschaftsverständnis betrachtet die Gräfin deren Arbeit als Fron. Sie weigert sich, die auf einige 100 Taler angewachsene Rechnung zu begleichen. Lediglich die entsprechenden Fronpfennige gesteht sie den Arbeitern zu, wonach eine zweispännige Fuhre mit drei Pfennigen und ein Handarbeiter mit anderthalb Pfennigen täglich entlohnt werden.

Im Jahr 1719 starb Constantias Vater Joachim von Brockdorff auf Depenau. In den Zwanzigerjahren kam auch ihr Bruder Christian Detlev bei einem Duell ums Leben.

Zu den die Menschen zu allen Zeiten bewegenden Katastrophen gehörten neben Unwettern vor allem verheerende (Stadt-)Brände. Ein »grimmiges Zorn=Feuer« bricht am 4. März 1723, einem Donnerstag, abends halb 7 Uhr im Hause des Kantors Johann Heinrich Hartmann aus. In wenigen Stunden vernichtet der Brand sämtliche Gebäude innerhalb der Stolpener Stadtmauer. Der Feuersturm trägt den Funkenflug bis in benachbarte Orte. Auf der Festung hat man alle Hände voll zu tun, um die über-

Ansicht des Hauptportals mit Johannis-(Cosel-)turm und Schösserturm im Feuerschein der brennenden Stadt Stolpen.
Gemälde von Christian Johann Oldendorp, 1806

springende Glut zu bekämpfen. Obwohl die Cosel aus ihren Räumen nicht unmittelbar auf die brennende Stadt schauen kann, so dürften ihr der glutrote Himmel, der Feuersturm und die hektischen Löschbemühungen der Garnisonsbesatzung einen unmittelbaren Eindruck des grausigen Schauspiels gegeben haben. August der Starke lässt daraufhin in seinen Landen eine Generalkollekte ausrufen und unterstützt den Wiederaufbau Stolpens mit 1000 Talern, 2000 Stämmen Bauholz und einer zehnjährigen Befreiung von Steuern und Kammerabgaben. Die Gräfin Cosel spendet der Stadt 100 Taler für eine neue Turmuhr.

Am 31. Januar 1730 bricht neben dem von ihr bewohnten Zeughaus ein Feuer am Pulverturm aus. Siebzehn Zentner Pulver sind eine schreckliche Bedrohung und auf dem Boden des Zeughauses lagern ebenfalls Granaten. Auf Bitte der Cosel ergeht später der Befehl, sie an einem anderen Ort unterzubringen. Der Brand beschädigt auch die am Pulverturm ankommende Wasserkunst. Im Jahre 1739 brennt früh 6 Uhr eine Scheune vor der Stadt. Eine große Hitze im Spätsommer bringt am 17. September 1740 ein Gewitter. Früh um 3 Uhr schlägt der Blitz in den Siebenspitzenturm. Der entstandene Brandschaden ist gering. Noch zweimal erschreckt ein Feuer auf der Veste die Gefangene, im März 1751 und Mai 1754. Die Brandherde können jeweils schnell gelöscht werden.

Zu den überlieferten Unwettern jener Zeit gehörten vor allem Gewitter, die durch die exponierte Lage der Festung auf dem Basaltberg regelmäßig zu Blitzeinschlägen führten. Am 1. Juli 1720 tobt so ein heftiges Unwetter, der Blitzschlag in den Kapitelsturm »tat aber keinen sonderlichen Schaden«. Ein »außerordentlicher Sturm=Wind« am 20. Dezember 1720 beschädigt Dächer. Bei zwei Häusern in der Stadt stürzt das obere Stockwerk herab. Blitze treffen im Juli 1742 das Schloss. Am 2. Juli 1743 gegen 1.30 Uhr richtet ein heftiges Gewitter Schäden auf der Festung an. Die Turmhaube des Siebenspitzenturms brennt ab. Das

Unwetter am 23. Juli 1743 trifft mit einem Blitzeinschlag direkt die Unterkunft der Cosel. Sie bleibt unverletzt. Ein »Donner = und Schloossen = Wetter (Hagel), wodurch die Winter = Saat größtentheils zernichtet ward« ereignet sich am 7. Mai 1755, abends vor Himmelfahrt.

Für den 23. Juli 1727 kündigt sich hoher Besuch an, August der Starke wird kommen. Es ist sein vierter und letzter Besuch auf Stolpen. Er lässt eine neue Kanone am harten Basalt probieren. Der Gouverneur und Oberkommandierende der sächsischen Hauptfestungen, Graf Wackerbarth, trifft ebenfalls ein. »Als langten Ihro Maj(estät) der Koenig den 23. Julii fruehmorgens halb 6. Uhr von Pillnitz allhier an, stiegen vor dem Nieder = Thore vom Wagen, setzten Sich zu Pferde, und ritten, durch die Stadt, sogleich nach der, unter der Vestung im Hanewalde, erbaueten Batterie.« Der König inspiziert den Ort und lässt dann von der zweiten Batterie im Tiergarten viermal feuern. Die Kugeln zersplittern am Felsen und ein größeres Stück schlägt als Querschläger im Malzhaus der Stadt durch das Dach und den obersten Boden. Der Kommandant der Festung, von Boblick, bringt das Stück zum König und erstattet Bericht. »Ihro Maj(estät) ließen sodann mit Feuern aufhoeren, da Sie Dero Absicht erreicht hatten, und begaben sich, ohne einiges Fruehstueck, welches der Herr Commendant offerierte, einzunehmen, sogleich wieder zurueck nach Pillnitz.«

Ob August der Starke in die Festung eingeritten und der Gräfin Cosel begegnet ist, lässt sich nicht belegen. Völlig in das Reich der Legenden gehört die Behauptung, die enttäuschte Gräfin habe auf den König geschossen.

Ein Jahr später ist es der General Obenaus, der Schießproben am Basalt befehligt, ohne der Gräfin seine Aufwartung zu machen. Sie lässt dem General ihr Bedauern darüber ausrichten und meint, »auch stünde es nicht wohl Damens erstlich mit Canonschüsse zu wecken und nach mallen stillschweigens davon zu ziehen«.

Am 1. Februar 1733 stirbt August der Starke in Warschau. Kommandant von Boblick will der Gräfin nicht sagen, was das Glockengeläut zu bedeuten hat. Als sie es erfährt, bestellt die Gefangene schwarzumrandetes Papier und trägt Trauerkleider. Sie fühlt sich als die Königswitwe. In ihren Briefen, die sie mit schwarzem Siegellack verschließt, vergleicht sie sich mit der Witwe Ludwigs XIV., der seine Mätresse in zweiter Ehe geheiratet hatte. An ihre Mutter schrieb Constantia bereits unmittelbar nach ihrem Sturz als Mätresse, dass sie August mehr geliebt habe, als ihre eigene Seele. Sie werde ihn »auch in Ewigkeit nicht vergessen«. Die Gnadengesuche an den neuen König blieben ungehört. General von Löwendahl nahm am 27. März 1733 die Huldigung der Garnison Stolpen auf August III. entgegen.

Anna Margarethe von Brockdorff, geborene von Marselis, die Mutter der Gräfin Cosel, starb achtundachtzigjährig 1736 auf Depenau. Über Jahre war der Briefverkehr zwischen Mutter und Tochter durch die Zensur behindert. Seit 1727 (Tod der Kurfürstin) musste alle Post der Gräfin dem König vorgelegt werden. Die Kuratoren der Gefangenen erzielten im jahrelangen Erbschaftsstreit mit ihrem Bruder Christian Detlev einen Vergleich. Als dieser starb, war Constantia die Alleinerbin.

Eine Lockerung der strengen Haftbedingungen erlauben es der Inhaftierten nach 1740 sich auf der Festung ohne Begleitung einer Wache frei zu bewegen. Seit einiger Zeit bewirtschaftet sie einen kleinen Garten. Sie darf von bekannten Personen Besuch empfangen und freier korrespondieren. Auch Zeitungen erhält sie.

Im Verlaufe des Zweiten Schlesischen Krieges, in dem Sachsen weiterhin auf die Landverbindung nach Polen hofft, droht eine Belagerung Stolpens durch preußische Heere. Hauptmann Holm erhält den Befehl, die Cosel nach Schloss Osterburg (Weida) zu bringen, auch entgegen ihrer Renitenz. Die Gräfin widersetzt sich heftig und

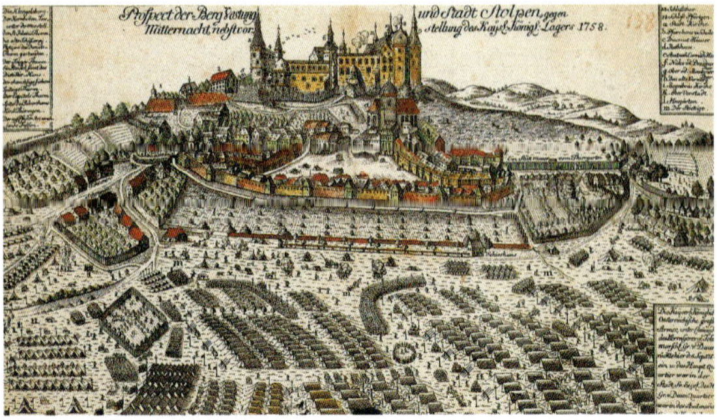

Planansicht Stolpens mit dem Feldlager der Großen Kaiserlichen Armee unter Generalfeldmarschall von Daun. Kupferstich eines unbekannten Künstlers, 1758

bereits fünf Tage später nimmt man den Befehl zurück. 1751 lässt die Cosel auf eigene Kosten ein neues Pulvermagazin bauen. Jahrelang hat sie sich vor dem schlecht deponierten Pulver gefürchtet.

Mit dem 31. August 1756, der Siebenjährige Krieg hatte begonnen, rückte die Garnison zum Sonnenstein (Pirna) ab. Lediglich eine Invalidenbesatzung blieb auf Stolpen. Der Kommandant von Liebenau fragte den Generalfeldmarschall Graf Rutowski, was mit der Gräfin Cosel geschehen solle. Er erhielt keine Antwort. Am 3. September 1756 erschien der preußische Husarenoberstleutnant Warneri mit zwei Mann vor Stolpen, überrumpelte die Wache, ritt in die Festung ein und verlangte deren Übergabe. Dabei ging dem Oberstleutnant die Pistole los und traf den Kommandanten in die Seite. Dieser Schuss gilt heute als der angeblich erste Schuss des Siebenjährigen Krieges. Die Preußen blieben bis zum 18. September. Sie ruinierten vor ihrem Abzug die Wasserkunst und verschütteten den Brunnen mit Pulver und Kriegsgerät, das sie nicht mitnehmen konnten.

Anfang August 1757 standen etliche Regimenter kaiserliche Husaren vor Stolpen. Am 5. September 1758 rückte die gesamte Große Kaiserliche Armee unter Generalfeldmarschall Graf von Daun nach Stolpen. Bis zum 5. Oktober lagerten über 180 000 Militärangehörige vor der Stadt.

Das Hauptquartier befand sich in der Stadt. Auf Befehl des Marschalls wurden am 7. November 1760 etwa 3000 preußische Gefangene nach Stolpen gebracht, 1000 von ihnen in die Mauern der Festung. In der kalten Nacht verbrannten die um 95 Feuer lagernden Preußen alles, dessen sie habhaft werden konnten. Eine Wache vor den Räumen der Cosel konnte nicht verhindern, dass die Gefangenen auch alle Vorräte der Gräfin plünderten. Die Achtzigjährige gewährte 17 Mann und einer Soldatenfrau Einlass in ihre Räume.

Neben den großen kriegerischen Ereignissen und Brandkatastrophen waren es auch immer wieder Begebenheiten wie Krankheit, Unfall, Todesfall oder Mord, die die Gemüter erregten. Wie ein Lauffeuer verbreiteten sie sich durch Klatsch und Tratsch und befriedigten den Hunger nach Neuigkeiten. Auch der Gräfin Cosel werden sie zu Ohren gekommen sein. Im Jahr ihrer Ankunft auf Stolpen 1716 grassierte eine unbekannte Krankheit in der Gegend, die ein schmerzhaftes, unbeschreibliches Reißen in den Gliedern verursachte. »Man schrieb dieselbe dem in diesem Jahr häuffig gefallenen Mehlthaue, und davon entstandenen vielen Korn=Muettern (Mutterkorn: schwarze toxische Körner in der Getreideähre) zu.«

Am 22. Januar 1718 wurde ein Korporal im Duell erstochen. Man hängte ihn am 11. Februar an den Galgen, um das Schändliche seiner Tat zu demonstrieren. Militärangehörigen war das Duellieren verboten. Siebenundsiebzigjährig erhängte sich Christoph Schlenckricht am 3. August 1720 und wurde unter dem Galgen begraben. Selbstmörder erhielten kein christliches Begräbnis.

»Ein feyerliches Dank=Fest, wegen gnädig abgewendeter Theuerung« fand am 15. September 1720 statt. Der Grund der drohenden Teuerung ist nicht überliefert.

Am 9. April 1721 fiel dem Schmied Joh. Sig. Lehmann sein Eheweib in ihrer Scheune vom Balken und war »gleich tod blieben«. Bei großer Dunkelheit ertrank am

25. November 1725 der »Structur=Arbeiter=Geselle« Peter Klemmer aus Tharandt in der oberen Marktplatzzisterne und wurde »folgenden Tages tod heraus gezogen«. Ein kränkelnder Fleischersknecht aus Dresden verließ am 28. November abends die Stadt Stolpen. Man fand ihn am folgenden Morgen halb erfroren in den Gärten des Stöckigts. Er starb tags darauf im Siechhaus.

Am 25. Januar 1729 fing man in Fischbach einen Wolf. Bereits Jahrzehnte zuvor hatte ein Wolf im Tiergarten des Schlosses Stolpen großen Schaden verursacht. Große Aufregung herrschte am 29. Juli 1731 im »Roten Löwen«. Der Richter in Losdorff (Amt Hohenstein) erstach abends 6 Uhr den Gastwirt und Fleischhauer »boßhaffter Weise« und entzog sich durch Flucht der »verdienten Strafe«.

Am 13. Juli 1734 richtete man eine Hure in Harthau. Sie hatte ihr Kind getötet. Der Färber Hans Paul Pietzsch, Bürger der Stadt Stolpen, erhängte sich am 5. Oktober in seinem Haus auf dem Oberboden. Gottfried Richters Eheweib tötete sich im Oktober 1737 in der Stadtfronfeste. Warum sie dort einsaß, ist nicht überliefert. Vier Tage nach der Tat wurde sie »aufm Schinderkarren hinaus gefahren, und untern Galgen eingescharret«.

Beim Einreißen des alten Wasserrades im Kunsthaus der Wasserkunst verunglückte am 9. Oktober 1739 der Amtszimmermeister. »Sein Kopf ward zerschmettert, daß er augenblicklich seinen Geist aufgeben mußte.« Die Giftmörderin Eva Maria Schlegelin aus Altstadt überführte man durch die Obduktion des Leichnams ihres Mannes. Am 19. Dezember 1749 wurde sie, zum Enthaupten mit dem Schwert begnadigt, hingerichtet. Am 11. August 1750 ersäufte sich Christian Friedrich Vetter, Maurermeister aus Stolpen, im Kunstteich. Wie schon 1713, als eine »hefftige Vieh=Seuche bey der Stadt überhand« nahm und an die 100 Tiere verendeten, grassierte 1759 abermals eine Seuche, die zahlreichen Rindern das Leben kostet. Die Reihe der Begebenheiten könnte fortgesetzt werden.

… *angenehmer Traum* Begräbnis

Anna Constantia von Cosel (Altersbildnis). Gemälde eines unbekannten Künstlers, 18. Jahrhundert

Die im protestantischen Norden geborene Gräfin Cosel blieb ihrem Glauben treu und lehnte auch den von August dem Starken betriebenen geheimen Glaubenswechsel des Kurprinzen als Mittel der Politik ab.

Auf Stolpen verzichtet sie teilweise jahrelang auf kirchlichen Beistand, da sie die Geistlichen in »keine Gewissensscrupel« bringen will, weiß sie doch um die strengen Maßregelungen im Umgang mit ihrer Person. Die alternde Gräfin betreibt ein intensives Bibelstudium. Sie benutzt dazu mehrere Exemplare der Biblia Pentapla, ein Werk, 1711 in Schiffbeck bei Hamburg herausgegeben, das den biblischen Text in fünf nebeneinander liegenden Spalten in der katholischen, lutherischen, reformierten, jüdischen und holländischen Übersetzung zeigt.

Im Jahre 1762 besucht der Prinz von Ligne die Zweiundachtzigjährige. Ihm gegenüber soll die Cosel gesagt haben, dass sie alle Religionen studiert und sich für die jüdische entschieden habe. Mehrfach hat die Gräfin Juden auf Stolpen empfangen und sich hebräische Schriften übersetzen oder den Talmud auslegen lassen. Der Amtmann Gülden berichtet am 15. April 1765: »Es ist ferner wahr, daß Defuncta (Verstorbene) den Sonnabend jeder Woche vor ihren Sabbath gefeyert«, dass sie kein Schweinefleisch, kein in ihrem Blut ersticktes Federvieh oder Fisch ohne Schuppen »by Lebzeiten gegessen«.

In ihrer Todesstunde ist kein Geistlicher zugegen gewesen. Sie hat auch nach keinem verlangt, »wie denn auch keiner freywillig zu ihr gegangen und es würde meines Erachtens ohne Nutzen gewesen seyn«. Die Gräfin Cosel habe kurz vor ihrem Lebensende ziemlich auf die Christen geschmäht. Der Amtmann äußert sich weiter: »Der Glaube, auf welchen die Gräfin von Cossel verstorben, ist schwer zu determiniren (entscheiden) … Meines Behalts hat die Defuncta nicht wissen wollen, an wen sie glauben soll.«

Kurz vor ihrem Tod verbrennt die Cosel alle Papiere, die ihre Lebensgeschichte betreffen. Gülden versichert, »daß sie alles was zu ihrer Lebens Historie gehöre, vorlängst cassiret habe, und kein Mensch sich rühmen solle, mit ihrem Willen davon ein Blatt zu Gesicht zu bekommen«. Oft habe sie ihm gegenüber geäußert, »daß ihre Erben und jedermann sich gewaltig betrügen würden. Wenn man nach ihrem Tode große Schätze oder wichtige Nachrichten zu finden glaube. Sie wiße gar wohl, daß viele Leute in diesen Gedanken stünden, und es gereiche ihr solches offt zu ihren wahren Divertissement (Vergnügen). Sie könne es aber auch nicht übers Herze bringen, diese guten Leute in ihrem angenehmen Traum zu stören«.

Burgkapelle Stolpen mit der Grabstätte der Gräfin Cosel

Die Verstorbene hatte »ausdrücklich verlangt, daß ihr verblichener Körper auf dem bey Langen Wolmsdorf ohnweit Stolpen legenen Schafberg begraben werden« soll. Auf Weisung des Oberkonsistoriums (Kirchenbehörde des Kurfürsten) bestattet Graf von Cosel seine Mutter am 4. April 1765, nachmittags 3 Uhr »unter Paradierung eines allhier befindlichen Miliz-Commando« in der Schlosskapelle. Auf den Fichtenholzsarg (ein in den Räumen der Cosel vorgefundener großer Kupfersarg »innerwendig von geschmolzenem Metall«, fand offensichtlich keine Verwendung) legt man eine zinnerne Tafel mit ihren Lebensdaten. Eine Grabplatte erhält sie nicht. Die Umstände ihres Begräbnisses lassen vermuten, dass man in Dresden froh war, endlich den Aktendeckel des Vorganges Cosel schließen zu können.

Das Stolpener Land im Winter

Ihr im hohen Alter betriebenes intensives Bibelstudium muss wohl zuerst als eine Abkehr vom Diesseits verstanden werden. Unerfüllte Hoffnungen und ein jahrzehntelanger zermürbender Kampf gegen einen unsichtbaren, stets ausweichenden Feind haben sie Trost im Jenseits suchen lassen.

… *vor die Säugamme* Kinder

August der Starke und die Gräfin Cosel hatten, nach der Totgeburt des ersten Sohnes 1707, drei gemeinsame Kinder. Augusta Constantia erblickte am 24. Februar 1708 das Licht der Welt. Sie und ihre Schwester Friederike Alexandra, die am 27. Oktober 1709 geboren wurde, gab die Gräfin Cosel am 19. November zu ihren Eltern in Pflege. Als besorgte Mutter ließ sie sich berichten, schickte Geld, Kleidung und zahlte Rechnungen, so auch »vor die Säugamme«. Am 17. Oktober 1712, es ist ihr eigener Geburtstag, kam Friedrich August in Pillnitz zur Welt. Obwohl sie genealogisch als illegitime Kinder galten, behandelte August der Starke sie wie rechtmäßige Prinzen und Prinzessinen. Sie wurden nach 1721 am Hofe aus dem Vermögen der Mutter standesgemäß erzogen und erhielten 1724 mit königlich-polnischem Diplom ein eigenes Familienwappen.

Die Kinder der Cosel hatten keine Möglichkeit, ein persönliches emotionales Verhältnis zu ihrer Mutter aufzubauen. Seit der Gefangenschaft der Gräfin war selbst ein Briefkontakt nur mit Hindernissen möglich. Die Briefe der Kinder mussten erst dem Geheimen Kabinett, später dem Generalgouverneur von Dresden vorgelegt werden. Die Herren entschieden über eine weitere Beförderung. 1726 bat die Gefangene darum, ihr ein lebensgroßes Bild ihres Sohnes zuzuschicken, da sie ihn nicht zu sehen bekommen könnte. Seit dem 4. Dezember 1733 durfte die Gräfin Cosel mehrmals im Jahr ihre mittlerweile erwachsenen Kinder empfangen. Jedoch mussten sie in der Stadt unter Aufsicht wohnen, »daß sie der Cosel nicht Gelegenheit bieten können zu ihrer etwaigen Evasion (Flucht) oder verbotener Correspondenz«. Die Kinder wurden zur Verschwiegenheit verpflichtet. Ihrem Kurator, Hofrat Wichmannshausen, klagte die Inhaftierte, dass Ihr Sohn zwar in Dresden sei, sie aber nicht besuche. Ab 1740 war der Briefverkehr mit ihren Kindern ohne Einschränkungen freigegeben. Sie bat darum, dass nicht Sohn und Tochter gleichzeitig zu Besuch kämen, sie habe zu wenig Diener und Bequemlichkeit für eine standesgemäße Bewirtung. Mehrfach sorgte sich die Cosel darum, ihrem Sohn nicht genug Vermögen zu hinterlassen.

Im Inventar der verstorbenen Cosel auf Stolpen fanden sich auch eine Kinderwiege, ein ledernes Kissen zum Kinderwickeln und »ein mit grün Samt überzogenes stählernes Halßeisen, vor die Kinder zum gerade gehen«, möglicherweise für die Enkel angeschafft. In der Hinterlassenschaft der Cosel entdeckte ihr Sohn auch »zwey goldenen Tabatieren (Tabakdosen) und eine von Porcellan in Gold gefaßte«, die der Graf als Geschenke an die Mutter wiedererkannte, »die aber wenig gebraucht zu seyn schienen«.

Augusta Constantia von Cosel (ab 1725 Gräfin von Friesen) und Friederike Alexandra von Cosel (ab 1730 Gräfin von Mosczynski). Gemälde eines unbekannten Künstlers, 18. Jahrhundert

Die Tochter Augusta Constantia verheiratete sich 1725 mit einem Grafen von Friesen. Drei Wochen dauerten die Feierlichkeiten auf Schloss Pillnitz. Sie starb knapp zwanzigjährig an den Blattern (Pocken). Die eilige Beerdigung soll vorschnell erfolgt sein. Der Totengräber hörte Geräusche, doch öffnete man den Sarg erst nach Einholung einer Genehmigung. Am Sargdeckel fand man Kratzspuren der Fingernägel. Auch Augusta Constantias Sohn Friedrich starb im Kleinkindalter an den Blattern. Ihr zweiter Sohn August Heinrich lebte bis 1755 als französischer Generalmajor auf Schloss Chambord. Er besaß keine Nachkommen.

In der 1730 geschlossenen Verbindung von Friederike Alexandra mit dem polnischen Krongroßschatzmeister von Mosczynski wurden zwei Söhne geboren. Auf der glanzvollen Hochzeit in Dresden erschien überraschend der preußische König. Einer der Söhne zeugte wiederum einen Sohn, der dann drei Töchtern das Leben schenkte. Friederike Alexandra wurde 1737 Witwe und starb dreiundsiebzigjährig in Dresden.

Friedrich August Graf von Cosel heiratete 1749 eine Gräfin von Holtzendorff. Sie hatten zwei Söhne und zwei Töchter. Graf von Cosel wurde General der Infanterie und Befehlshaber der Garde du Corps (Leibgarde des Königs). Er ließ sich nach dem Siebenjährigen Krieg das prächtige Coselpalais neben der Dresdner Frauenkirche errichten. Der Graf kaufte 1767 von einem Bauer die Coschützer Schlucht im Plauenschen Grund, ein als mineralienreich geltendes wildromantisches Gebiet. Als der Kupferbergbausegen ausblieb, ließ er das Huthaus zu einem Landhaus umbauen. Friedrich August starb achtundfünzigjährig auf seiner Herrschaft Sabor in Schlesien.

Friedrich August Graf von Cosel. Gemälde von Gerhard Keil nach Louis de Silvestre, 1977

Mit dem Tod seines älteren Sohnes 1789 erlosch die offizielle Linie derer von Cosel, da beide männlichen Nachfahren kinderlos blieben. Die Töchter schenkten wiederum zahlreichen Töchtern das Leben, so dass die Gräfin Cosel auf über ein Dutzend Urenkel stolz sein kann. Die Enkelinnen und ihre Töchter verheirateten sich mit Grafen von Bünau (auf Lauenstein), von Lüttichau (auf Bärenstein), von Römer (auf Kuckuckstein), von Carlowitz, von Knuth, vom Loß, von Kleist, von Zedlitz, mit Generälen oder Oberforstmeistern und sorgten dafür, dass eine muntere Nachkommenschaft das Gedächtnis an die Verbindung Augusts des Starken mit der Gräfin Cosel am Leben erhält.

… *voreiliges Temperament* Nachwort

Warum dieses Schicksal, das ist die am häufigsten gestellte Frage. Es heißt, sie habe sich in die Politik eingemischt, sie sei zu stolz, herrschsüchtig und habgierig gewesen. Sie habe sich dem königlichen Willen widersetzt und ist höfischen Intrigen zum Opfer gefallen.

Will man eine Antwort geben, so muss man die gesellschaftspolitischen Strukturen jener Zeit ebenso heranziehen wie die charakterlichen Eigenheiten und Interessen der beteiligten Personen. Die vorliegenden Akten lassen je nach Blickwinkel einen Interpretationsspielraum.

August der Starke wies alle Schuld der Gräfin zu. Man habe sie oft genug ermahnt, mäßig in ihren Reden und Schriften zu sein, aber sie wollte ja nicht hören und ein ordentliches Benehmen zeigen, so dass »man wider seinen Willen gezwungen gewesen, zum äußersten Mittel zu greifen«. Aus diesem »unternehmenden und kühnen Geist, der zu allem fähig ist, um ihre Leidenschaften und ihre Wut zu befriedigen«, wie August es überspitzt beschrieb, spricht ein Wesenszug, den Kabinettsminister Flemming als ihr voreiliges Temperament bezeichnete, deren Ursache mangelnde Menschenkenntnis und Jähzorn sei. Sie muss eine sehr impulsive Frau gewesen sein. Diplomatisches Taktieren, Abwägen und geschicktes Lavieren waren ihr fremd. Sie hat ihre Seele eingesetzt und sich durch ihre Offenheit angreifbar, verletzbar gemacht. Ein Umstand, der sie zwangsläufig in einem sehr stark etikettiert und zeremoniell organisierten Hofstaat in Konflikte bringen musste. Was sie für richtig erkannte, dafür hat sie getreu ihres Namens mit Beständigkeit gekämpft – zuweilen respektlos (was nicht zwangsläufig den Straftatbestand der Majestätsbeleidigung erfüllen muss) und in einer Weise, wie es der Mätresse des Königs in den Augen anderer nicht zustand. Sie aber fühlte sich als die Kurfürstin und Königin. So ist es nicht verwunderlich, wenn Flemming ihr Einmischung in die Politik vorwarf. Im Ringen um die Gunst des Königs war sie eine Konkurrentin, denn sie basaß politisches Urteilsvermögen.

Flemmings Empfehlung einer neuen polnischen Mätresse war ein äußerst geschickt vorgetragener Schachzug und vor allem politisch sinnvoll. Sicherlich hätte August der Starke dem nicht zugestimmt, wenn da nicht bereits deutliche Differenzen bestanden hätten. Der König war entsprechend dem absolutistischen Herrschaftsverständnis (»Der Staat bin ich«) eine öffentliche Person. Glaubt man Flemming, so liebte August die Frauen, »um sich von der Last seiner Geschäfte zu erholen, keineswegs mit romantischer Glut«.

Die Gräfin Cosel hatte ein ausgeprägtes Standesbewusstsein, Stand und Ehre waren zentrale Begriffe ihres Lebens. Dazu gehörte auch der Besitzstand, den sie zu sichern und zu mehren suchte. Ihr allein deswegen Habgier und Raffsucht vorzuwerfen wäre einseitig. Flemming beispielsweise hatte es auf ein Vermögen von 16 Millionen Talern gebracht, wovon der König die Hälfte als unrechtmäßig erworben einzog.

Im Streit um das Eheversprechen musste August der Starke erkennen, dass er der Cosel Unrecht getan hatte. Doch er hatte bereits »zum äußersten Mittel« gegriffen und Tatsachen geschaffen, die sich zunehmend zu verselbstständigen begannen. Sie zu revidieren hätte ein Schuldbekenntnis erfordert, jedoch sollten Ruhm und Ansehen makellos bleiben. Es war der einfachere Weg, die geschaffenen Verhältnisse aufrecht zu erhalten, was auch auf August III. zutrifft, der natürlich auf die Reputation des Hauses Wettin bedacht war.

Auf Stolpen musste die Gräfin Cosel den Blick für das nun noch Machbare verlieren. Ihre Verweigerungshaltung war letztlich konsequent, sie blieb sich selbst treu. Die bedingungslose Unterwerfung unter den königlichen Willen war für sie auch weiterhin nicht denkbar. »Ich gestehe ein, daß ich weder Herrin meines Schiksals noch meines Herzens bin, aber ich werde immer Herrin meiner Ehre und meines guten Rufes sein«, schrieb sie an ihre Mutter. In einem Brief an den König vom 16. November 1729 erklärte sie ihr Schicksal als ein Zusammentreffen von Zufall, Irrtum und übler Nachrede.

Zeittafel

1670 Geburt von August dem Starken
1680 Geburt der Anna Constantia von Brockdorff
1694 Friedrich August wird Kurfürst von Sachsen (Friedrich August I.)
1697 Friedrich August wird König von Polen (August II.)
1700 Beginn des Nordischen Krieges (bis 1721)
1703 Heirat von Anna Constantia mit Freiherrn von Hoym, Übersiedlung nach Dresden
1705 Hoym reicht die Scheidung ein
1706 Anna Constantia wird Reichsgräfin von Cosel; Baubeginn für das Taschenbergpalais unter Mitwirkung von Matthäus Daniel Pöppelmann; Bildung des »Geheimen Kabinetts«, der Zentralbehörde der absolutistischen Regierungsweise Friedrich Augusts; Frieden von Altranstädt, Besetzung Sachsens durch schwedische Truppen, Verzicht auf die polnische Krone
1707 Generelle Einführung der Generalkonsumtionsakzise (allgemeine Steuer auf Güter des täglichen Bedarfs)
1708 Geburt der Tochter Augusta Constantia von Cosel
1709 Friedrich August ist wieder König von Polen; Großes Hoffest in Dresden, bei dem die Gräfin Cosel eine herausragende Rolle spielt; Geburt der Tochter Friederike Alexandra von Cosel; Böttger meldet die Erfindung des europäischen Porzellans
1711 Gottfried Silbermann baut seine erste Orgel; wichtigstes Baujahr am Dresdner Zwinger
1712 Geburt des Sohnes Friedrich August von Cosel
1713 Sturz der Cosel
1716 Verbannung nach Stolpen
1719 Hochzeit des Kurprinzen
1721 Adam Friedrich Zürner erhält den Auftrag zum Setzen von Distanzsäulen (Postmeilensäulen)
1723 das »Grüne Gewölbe« in Dresden wird als Schatzkammer/Museum eingerichtet
1730 Zeithainer Lager
1733 Tod Augusts des Starken
1738 Graf Heinrich von Brühl wird maßgeblicher Ratgeber Augusts III.
1740 Erster Schlesischer Krieg (bis 1742)
1744 Zweiter Schlesischer Krieg (bis 1745)
1756 Siebenjähriger Krieg (bis 1763)
1763 Tod Augusts III.
1764 Auflösung der Garnison Stolpen
1765 Tod der Gräfin Cosel

Literaturverzeichnis

Bachmann, Walter: Schloß Stolpen. Sonderdruck aus den Mitteilungen des Landesvereins Sächsischer Heimatschutz, Heft 3 bis 4, Band XX, Dresden o.J. (1931)

Burg Stolpen - Ein Ausflug durch die Jahrhunderte. Hrsg. von der Burgverwaltung Stolpen. Stolpen o.J. (1996).

Gercken, Carl Christian: Historie der Stadt und Bergvestung Stolpen. Dresden, Leipzig 1764.

Gräfin Cosel - 49 Jahre Gefangene auf der Burg Stolpen. Hrsg. von der Burgverwaltung Stolpen. Stolpen o.J. (1997).

Günther, Christian August; Schlenkert, F.: Mahlerische Skizzen von Teutschland. Des Ober-Sächsischen Kreises erstes Heft. Leipzig 1794, S. 31-40.

Grumbkow, R. von: Illustrierter Führer durch Schloß Stolpen. Dresden 1885.

Hartmann, Hans-Günther: Stolpen - ein slos und stetlein czischen Pirna und Bischofswerda. Dresden 1996.

Hoffmann, Gabriele: Constantia von Cosel und August der Starke. Bergisch Gladbach 1984.

Meiche, Alfred: Historisch-Topographische Beschreibung der Amtshauptmannschaft Pirna. Dresden 1927, S. 324ff.

Mörtzsch, Otto bei Meiche, Alfred: Die Burgen und vorgeschichtlichen Wohnstätten der Sächsischen Schweiz. Dresden 1907, S. 15-56.

Senff, Carl Samuel: Historische Beschreibung des entsetzlichen Brandes/welcher den 4. Martii Anno 1723. die Stadt Stolpen jämmerlich und plötzlich in die Asche geleget, und zum Theil die Berg=Vestung mit betroffen. Bautzen 1723.

Senff, Carl Samuel: Kirchen=Reformation- und Jubel=Geschichte des vormahls Bischöflich=Meißnischen, voritzo aber Churfürstl. Sächsischen, Amts Stolpen. Bautzen 1719.

Vehse, Eduard: Geschichte der Höfe des Hauses Sachsen. Hamburg 1854.

Weber, Karl von: Anna Constance Gräfin von Cossell. In: Archiv für die sächsische Geschichte. Bd. 9. Leipzig 1871, S. 1-78 und 113-164.

Wilsdorf, Oscar: Gräfin Cosel. Ein Lebensbild aus der Zeit des Absolutismus. Nach historischen Quellen bearbeitet. 4. Aufl. Leipzig; Dresden o.J. (3. Aufl. 1902).

Zwei Gedächtnisschriften, die Stadt Stolpen betr. Hrsg. von Gustav Winter. Stolpen 1861.

Sachsen-Anhalt
14
Torgau
Leipzig
Riesa
12
15
16
17
13
14
18
Meiß
4
Freiberg
21
Meerane
Chemnitz
Crimmitschau
Glauchau
20
Freistaat
Thüringen
Zwickau
19
Aue
Plauen
72
Freistaat
Bayern

Freistaat Sachsen

Sächsische Schlösserverwaltung
im Landesamt für Finanzen
Stauffenbergallee 2, 01099 Dresden
Telefon (03 51) 8 27 46 32, Fax (03 51) 8 27 46 02
Internet: www.sachsen.de/schloesser

1 Dresdner Zwinger

2 Stallhof

3 Brühlsche Terrasse/Kasematten
Postanschrift für 1 - 3:
Staatliche Schlösser und Gärten Dresden
Brühlsche Terrasse/Zwinger/Stallhof
Zwinger/Theaterplatz, 01067 Dresden
Tel. (03 51) 4 91 46 01, Fax (03 51) 4 91 46 25
Internet: www.schloesser-dresden.de

4 Großer Garten
Staatliche Schlösser und Gärten Dresden
Großer Garten
Kavaliershaus G, Hauptallee 5, 01219 Dresden
Tel. (03 51) 4 45 66 00, Fax (03 51) 4 45 67 22
Internet: www.schloesser dresden.de

5 Schlosspark Pillnitz
Staatliche Schlösser und Gärten Dresden
Schloss Pillnitz
Fliederhof/Kapellenflügel, 01326 Dresden
Tel. (03 51) 2 61 32 60, Fax (03 51) 2 61 32 80
Internet: www.schloesser-dresden.de

6 Schloss Rammenau
Am Schloss 4, 01877 Rammenau
Tel. (0 35 94) 70 35 59, Fax (0 35 94) 70 59 83

7 Burg Stolpen
Schlossstraße 10, 01833 Stolpen
Tel. (03 59 73) 2 34 10, Fax (03 59 73) 2 34 19
Internet: www.burg-stolpen.de

8 Festung Königstein
01824 Königstein
Tel. (03 50 21) 6 46 07, Fax (03 50 21) 6 46 09
Internet: www.festung-koenigstein.de

9 Barockgarten Großsedlitz
Parkstraße 85, 01809 Heidenau
Tel. (0 35 29) 5 63 90, Fax (0 35 29) 56 39 99

10 Schloss Weesenstein
Am Schlossberg 1, 01809 Müglitztal
Tel. (03 50 27) 54 36, Fax (03 50 27) 55 52
Internet: www.schloss-weesenstein.de

11 Schloss Moritzburg
01468 Moritzburg
Tel. (03 52 07) 87 30, Fax (03 52 07) 8 73 11

12 Albrechtsburg Meissen
Domplatz 1, 01662 Meißen
Tel. (0 35 21) 4 70 70, Fax (0 35 21) 47 07 11
Internet: www.albrechtsburg-meissen.de

13 Schloss Nossen

14 Klosterpark Altzella
01683 Nossen
Tel. (03 52 42) 5 04 30, Fax (03 52 42) 5 04 33

15 Burg Mildenstein
Burglehn 6, 04703 Leisnig
Tel. (03 43 21) 1 26 52, Fax (03 43 21) 5 15 37

16 Burg Gnandstein
04655 Gnandstein
Tel. (03 43 44) 6 13 09, Fax (03 43 44) 6 13 83

17 Burg Kriebstein
09648 Kriebstein
Tel. (03 43 27) 95 20, Fax (03 43 27) 9 52 22
Internet: www.burg-kriebstein.de

18 Schloss Rochlitz
Sörnziger Weg 1, 09306 Rochlitz
Tel. (0 37 37) 49 23 10, Fax (0 37 37) 49 23 12
Internet: www.schloss-rochlitz.de

19 Burg Scharfenstein
Schlossberg 1, 09435 Scharfenstein
Tel. (0 37 25) 7 07 20, Fax (0 37 25) 70 72 50
Internet: www.augustusburg-schloss.de

20 Schloss Augustusburg
09573 Augustusburg
Tel. (03 72 91) 38 00, Fax (03 72 91) 3 80 24
Internet: www.augustusburg-schloss.de

21 Schloss und Park Lichtenwalde
Schlossallee 1, 09577 Lichtenwalde
Tel. (03 72 91) 3800, Fax (03 72 91) 3 80 24
Internet: www.augustusburg-schloss.de